Notice Sur L'assembl#e De La West-flandre Dite Vergaderinge Van West-vlaender 1789-1794...

Ernest Vandenpeereboom

NOTICE

SUR

L'ASSEMBLÉE DE LA WEST-FLANDRE

DITE

VERGADERINGE VAN WEST-VLAENDER.

1789-1794.

PAR

ERNEST VANDENPEEREBOOM,

Membre de la Chambre des Représentants.

BRUXELLES.
LIBRAIRIE POLYTECHNIQUE D'AUG. DECQ,
rue de la Madelaine, 9.
1866.

NOTICE

SUR

L'ASSEMBLÉE DE LA WEST-FLANDRE

DITE

RGADERINGE VAN WESTVLAENDER.

1789-1794.

NOTICE

SUR

L'ASSEMBLÉE DE LA WEST-FLANDRE

DITE

ERGADERINGE VAN WESTVLAENDER.

1789-1794.

NOTICE

SUR

L'ASSEMBLÉE DE LA WEST-FLANDRE

DITE

VERGADERINGE VAN WEST-VLAENDER.

1789-1794.

PAR

ERNEST VANDENPEEREBOOM,

Membre de la Chambre des Représentants.

BRUXELLES.
LIBRAIRIE POLYTECHNIQUE D'AUG. DECQ,
rue de la Madelaine, 9.

1866.

Tout ce qui concerne la représentation nationale, dans nos anciennes provinces, mérite l'attention de ceux qui aiment cette forme de gouvernement. L'intervention populaire, dans la solution des questions d'intérêt général, et à l'aide d'assemblées représentatives, est traditionnelle chez nous; car nos pères sans avoir été, comme nous le sommes nous-mêmes, pleinement en possession du *self-government*, n'étaient pas totalement privés de ce régime, de ce pouvoir, pourrions nous dire, auquel aspirent tous les peuples civilisés des temps modernes. Dès la plus haute antiquité nous avons été un pays d'aides. — *land van bede* — et non point un pays d'imposition.

Si l'on observe de près la situation politique des nations modernes, il est facile de voir que celles qui possèdent le plus de libertés, et qui savent le mieux conserver ces libertés, sont précisement les nations qui, dans les temps anciens, ont possédé de libres communes et des représentations provinciales. Il semblerait que la pratique de la liberté, elle aussi, demandât un stage, et que l'on ne parvint à rester entièrement libre à notre époque, qu'à condition d'avoir conquis partiellement la liberté dans les temps anciens: et pour ne parler que de nous, n'avons nous pas appris, par une longue possession des franchises communales et de la représentation provinciale, à user sagement des trésors de liberté, dont nos institutions modernes nous ont dotés?

Nous venons exposer ici une preuve nouvelle de cette tradition nationale. En effet, la partie de la West-Flandre, appelée le *pays rétrocédé*, privée du droit de représentation, d'abord par le fait de la conquête, puis par la négligence et l'injustice de ses princes, profita des premiers moments de trouble et d'agitation politiques, qui ont surgi dans nos provinces à la fin du dernier siècle, pour rentrer en possession de ce droit séculaire.

Cette restauration du droit de représentation, dans une de nos anciennes provinces, est à peine mentionnée dans notre histoire nationale, encore assez incomplète pour la dernière partie du dix-huitième siècle. Il nous a été donné de trouver, dans deux précieuses collections (1), des détails très-étendus sur le rétablissement de l'Assemblée Provinciale qui porta le nom de *Vergaderinge van West-Vlaender*. A l'aide de ces nombreux documents authentiques, nous allons essayer de décrire, brièvement et simplement, comment cette assemblée était composée et comment elle usa de son pouvoir.

(1) Nous devons la communication de ces documents à l'obligeance de deux parents, M. *Alphonse Vandenpeereboom*, Réprésentant et ancien Bourgmestre de la ville d'Ypres, aujourd'hui Ministre de l'Intérieur, et M. *J. J. J. Ghesquière*, Notaire à Gand, dont les aieux faisaient partie de la *Vergaderinge van West-Vlaender*. Nous indiquerons, aux annexes I, quelques détails sur ces deux collections.

Quand nous puiserons dans ces recueils sans pagination, nous indiquerons le volume et la date du procès-verbal, en mentionnant les décisions de l'*Assemblée Générale*, par les lettres A. G. et les actes de la *Députation Permanente* par les lettres D. P.; la lettre H indiquera la collection Hynderick, la lettre G la collection Ghesquière.

M. *Ad. Borgnet*, dans son excellent ouvrage « *Histoire des Belges* », mentionne quelques procès-verbaux de la *Vergaderinge*. Mais cet historien ne paraît pas avoir connu, comme nous, l'ensemble de ces documents.

I.

Dans le principe, la Flandre n'était pas divisée; elle formait un seul comté, s'étendant ou se restreignant, suivant le temps, et plus encore suivant la puissance et la fortune de ses princes. Dans cet état, elle eut souvent et longtemps une étendue beaucoup plus considérable que celle de nos deux Flandres actuelles réunies.

Ypres et les villes dépendantes de son ressort jouèrent, à toutes les époques de notre passé, un rôle politique important. Dans les temps les plus anciens, 1071, Richilde, cette impérieuse comtesse du Hainaut et de Flandre, convoque à Lille cent quatre-vingts personnes des villes de Gand, de Bruges et d'Ypres et soixante députés des principaux bourgs de la Flandre, pour aviser aux moyens de gouverner avec l'assentiment des flamands. Pendant et après l'époque, dite communale, Ypres occupe le troisième rang parmi les cinq bonnes villes de Flandre — Gand, Bruges, Ypres, Lille et Douai; cette ville formait un des quatre *membres* — Gand, Bruges, Ypres et le *Franc*, constituant, avec le clergé, les *Etats de Flandre*. Elle avait aussi siège aux États-Généraux. Ce troisième membre, qu'on nommait le *West-quartier*, avait, Ypres pour *chef-ville* et comprenait les châtellenies d'Ypres, de Furnes, de Warnêton, de Bailleul, de Cassel, de Bergues et de Bourbourg.

Le troisième membre des Etats de Flandre, Ypres et son ressort, conserva cette constitution représentative jusqu'au règne de Louis XIV, dont les guerres et les conquêtes vinrent détruire cet état politique. Le traité d'Utrecht et celui de la Barrière (1715), rendirent à l'Autriche une partie seulement des territoires conquis; la West-Flandre se trouva morcelée; elle se composa dès-lors de la manière suivante:

1° La ville d'Ypres.
2° La salle et châtellenie d'Ypres.
3° La ville et châtellénie de Furnes.
4° La ville et châtellenie de Warnêton.
5° La ville et juridiction de Poperinghe.
6° La ville et territoire de Wervick.
7° La ville de Menin.
8° La verge de Menin.
9° La généralité des huit paroisses.
10° La ville de Dixmude.
11° La ville et poorterie de Loo.
12° La ville et dépendance de Roulers (1).

Ces villes et territoires, affranchis de la domination étrangère, ne rentrèrent point en possession de leur état politique ancien; malgré des réclamations vives et multipliées, le *pays rétrocédé* ne fut pas admis à se faire

(1) *Consulte du conseil privé* 4 Août 1791. *Compte rendu de la Commission Royale d'histoire*, 2e série T. VIII, p. 227, voir aussi T. III (G) *in fine* « MÉMOIRE présenté à l'Empereur..., § 3.

« Le *West-quartier* ou *pays rétrocédé* comprenait outre les villes ici in- » diquées « cent et onze villages. »

représenter aux Etats de Flandre. L'Empereur Charles VI, peu porté à renforcer la représentation nationale, ne rétablit pas l'ancien troisième membre dans son droit politique séculaire (1). Ce déni de justice dut paraître d'autant plus dur à nos pères que, quarante ans après cette époque, le droit de représentation fut accordé aux *Administrations subalternes* de la Flandre non rétrocédée. Aux termes du règlement provincial d'Albert et d'Isabelle de l'an 1614 (2) les Députés des villes et châtellenies subalternes avaient droit de présenter, par écrit, « leurs avis et opinions délibératives » sur les propositions qui se faisaient aux ecclésiastiques et aux quatre membres de l'assemblée, mais la décision restait à ceux-ci. Par son édit du 5 Juillet 1754 (3), Marie-Thérèse déclara que « Dorénavent toutes les villes, pays, châtel« lenies, et métiers, qui étaient accoutumés de se trou« ver à l'assemblée générale de la province, auraient voix « délibérative et décisive dans toutes les affaires, soit « qu'elles regardassent le service du Souverain, les be« soins internes de la province ou autrement. »

Cette extension du droit constitutionnel était si propice au rétablissement de l'état politique du « pays

(1). Lettre de l'Empereur adressée le 20 Mai 1719, au Prince Eugène de Savoie. « Mon cousin, rapport m'ayant été fait de la lettre que le Marquis de Prié « vous a écrite le 9 Mars, à laquelle vous avez joint votre représentation du « 22 du même mois, touchant *l'incorporation que la province de Flandre « souhaiterait se fit des châtellenies d'Ypres, de Furnes et de la ville et « dépendances de Menin à la dite province*, je veux bien vous dire par cette « que je ne trouve pas convenable de leur accorder dès à présent la dite ré« union... Consulte ubi supra p. 230.

(2). Plac. van Vland. V Boek, eerste deel, f° 346.

(3). Placc. van Vlaand. V Boek, eerste deel, f^iis 330, 351, 357.

rétrocédé, » qu'on ne comprend pas comment la grande impératrice et les souverains qui lui ont succédé (1) n'aient pas écouté les justes doléances de cette partie de la Flandre, demandant à rentrer dans son droit national de représentation.

Nous trouvons un fait remarquable, qui prouve à la fois et la patriotique obstination qu'ont montrée nos pères à recouvrer leur droit de représentation, et l'injuste entêtement que le gouvernement opposait à cette aspiration. Dans le mois de Juin 1713, « le conseil de « Flandre convoqua en la ville de Gand une assemblée « du clergé et des magistrats de la Flandre, concer- « nant les affaires de la généralité de la province : les « députés du magistrat d'Ypres, se mettant en route « pour s'y rendre, sont contraints par *voie militaire* de « retourner sur leurs pas. Cet acte de leur devoir est « travesti en désobéissance : ils sont punis et *mis aux* « *arrêts*. Enfin il fallut céder à l'autorité et à la « force..... (2). »

---

(1) Voyez Mémoire du clergé et des magistrats de la West-Flandre, présenté à Joseph II, le 5 Décembre 1787. (*Supplément aux réclamations Belgiques*, t. XII, 1789, pp. 21 et suiv.)

Voyez aussi *Consulte du conseil privé* du 4 Août 1791, adressée à l'archiduchesse Marie-Christine et au duc Albert de Saxe-Teschen. (*Consulte ubi supra*, p. 226). On y traite la demande, surtout au point de vue fiscal. Le clergé ayant sollicité de faire partie de la représentation nouvelle, le rapport dit : « On pourrait lui représenter (au clergé) que, s'il veut prendre « part à l'administration publique, il doit prouver, par le fait, qu'il s'inté- « resse à son bien-être et aider à le tirer d'embarras dans laquelle elle (la « West-Flandre) se trouve, et *auquel le clergé a concouru plus que les autres* « *classes de citoyens*. (p. 246).

(2) T. III, (G). *In fine*. MÉMOIRES, etc.

« . . . Waer naer de resolutie zynde genomen van den Heer Voogd *Van* « *Rhemen* neffens den Greffier *Plumyoen* zoo aenstonds te laten vertrekken « omme in tyden te konnen arriveeren op de Vergaederinge; de zelve al

A partir de 1754, l'assemblée des Etats de Flandre, siégeant à Gand, se composait de dix-sept voix, celle du clergé et celles des seize villes, châtellenies, etc. savoir : les villes de Gand, Bruges, Courtrai, Audenarde, Ninove et Termonde ; les châtellenies, districts ou métiers du Franc-de-Bruges, Vieux-bourg-de-Gand, Courtrai, Audenarde, Alost, Termonde, Bornhem, Waes, Assenede et Bouchaute.

La West-Flandre, composée comme nous l'avons dit plus haut, resta donc exclue de la représentation nationale depuis 1678, époque de la prise d'Ypres par Louis XIV; nous allons voir quand, comment et pour combien de temps elle parvint à reconquérir ce droit.

« eenige uren vertrokken zynde, jae zelfs tot op ander halve ure van Cor- « tryck, zyn by order van den Heer Prince, onzen Gouverneur, gearresteert « ende zoo in stad geconvoyeert door *twee officieren met twalf cavaliers*, « ende gekommen zynde aen stads-poorten, ontrent ten acht uren en half in « den avond, is by eenen Aide-Major van wegen den zelven Heer Prince hun « aengezegt dat zy mogten naer huys gaen, *behoudens aldaer blyvende in* « *arrest tot andre ordre.* » (Pièce à l'appui N° 30),

II.

Rarement les révolutions éclatent comme un coup de foudre; elles sont ordinairement précédées par une période de mécontentement sourd, puis de réclamations ouvertes et enfin de protestations hautaines contre le pouvoir abusant de son omnipotence. La West-Flandre parcourut tous les dégrés de cette position politique et, même dans cette situation transitoire, elle eut recours à la coalition.

Le 17 Mai 1787, le magistrat d'Ypres invita les administrations de la West-Flandre à envoyer des députés à « l'hôtel de ville d'Ypres » pour « délibérer ensemble « si les circonstances ne seraient pas favorables, pour, « par représentation, faire à Sa Majesté des réclama- « tions (1). » Du 23 Mai au 30 Décembre 1787, il y eut, à l'hôtel de ville d'Ypres, vingt de ces conférences. Dans toutes ces réunions il ne s'agissait pas de se constituer en assemblée provinciale, mais de s'entendre sur les plaintes à adresser au gouvernement, sur le choix des députés qui se rendirent à Gand et à Bruxelles et qui accompagnèrent, à Vienne, les députés des Etats des autres provinces. Ces assemblées accidentelles et éphémères avaient si peu l'intention de prendre

(1) Lettre manuscrite, en tête du T. I, (G).

la forme et l'autorité des Etats existants, qu'elles n'avaient ni Président, ni *actuarius*, ni députation permanente, ni procès-verbaux imprimés. Le clergé n'avait pas été convoqué : il se présenta spontanément, en Juillet seulement ; et il fut admis, malgré l'opposition du Magistrat d'Ypres, qui fit la réserve que les députés du clergé n'auraient pas voix délibérative. Bientôt cette admission fut contestée et annulée par le gouvernement lui-même, comme le prouve le décrêt suivant :

L'Empereur et le Roi.

« Chers et bien amés, nous étant revenu que dans « une des assemblées que vous vous êtes permis de te- « nir, le 16 Juillet de l'année dernière, vous y auriez pris « une résolution d'admettre à vos assemblées et de don- « ner séance à des ecclésiastiques représentants un pré- « tendu ordre du clergé, étant aussi illégale qu'inadmis- « sible, nous avons déclaré comme nous déclarons nulle « et de nulle valeur la résolution que vous avez prise « à cet égard, vous défendant d'admettre encore ceux « du clergé à vos assemblées sous quelque prétexte que « ce puisse être, vous chargeant de biffer cette résolution « qui est couchée dans les registres aux résolutions de « la châtellenie d'Ypres sous la date susmentionnée du « 16 Juillet 1787, et de transcrire notre présent décret « à la marge de la dite résolution. Vous aurez à nous « informer incessamment de ce que vous aurez fait en « exécution de la présente. . . De Bruxelles, le 4 Mars « 1788 (1). »

(1) T, I (G), in fine.

Le 7 de Février 1788, l'assemblée avait demandé au gouvernement la permission de se réunir; il lui fût répondu, le 21 du même mois: « que, à la délibération « de notre conseil royal du gouvernement, vous êtes « autorisé à délibérer.... de la liquidation des frais dont « il s'agit (frais de députation etc). Bien entendu que « vous ne vous occuperez que de cet objet et de la « nomination des députés à envoyer à Gand et que, cela « fait, *vous aurez à vous séparer incessamment* (1). »

Nous ne trouvons plus de mention de ces conférences, timides essais d'indépendance; mais bientôt on allait passer de la réclamation à l'action, de la protestation à la révolte, de la supplique à l'usurpation du pouvoir. Il fallait pour cela que le souffle révolutionnaire se fut levé: c'est ce qui ne tarda pas à arriver.

A celui qui étudie attentivement les évènements, qui ont conservé le nom de Révolution Brabançonne, apparaît cette vérité historique que le clergé, tout en poussant à la révolte populaire à cause des réformes ecclésiastiques qui lui étaient imposées, ne vit éclater la résistance qu'à l'occasion de griefs civils et qu'avec l'aide d'instruments civils. En effet, l'ordonnance du 22 Mai 1782 (2) permet l'admission des juifs comme bourgeois des villes; le 17 Mars 1783 (3) un grand nombre de corporations religieuses, jugées inutiles, sont supprimées.

(1) T, I, (G), in fine.

(2) *Placc. van Vland. VI Boek II Deel* f° 712.

(3). *Ibid.* et *Henne* et *Wouters, Histoire de Bruxelles, etc.* T. II. p. 313.

et leurs biens sont donnés à la *caisse de religion;* l'édit du 28 Septembre 1784 (1) blesse profondément les prétentions et les pratiques du clergé en sécularisant les conditions et les effets des mariages et des divorces; les ordonnances du 22 et 27 Mai 1786 (2) forcent le clergé régulier et séculier à faire connaître ses biens de toute nature; d'autres mesures frappent et irritent le clergé, et cependant le peuple reste tranquille en face de ces réformes, et l'esprit public ne s'en montre pas profondément agité. Mais lorsqu'en 1786 et 1787, Joseph II apporta des changements à la forme de l'administration de Justice et du Gouvernement du pays, sans le consentement des Etats, une émotion générale se manifesta, parce que ces changements touchaient à des intérêts civils et politiques, en dehors de l'intervention nationale, consacrée par une longue habitude et par une légitime possession (3). Dès le principe, l'opposition des Etats, comme celle des corps de métiers, invoquait publiquement bien moins les privilèges du clergé amoindris que les libertés civiles méconnues. Joseph II ne rencontra d'obstacles sérieux à ses desseins que du moment où il toucha, pour la blesser, à la représentation nationale.

Dans la West-Flandre, comme dans le reste du pays, si l'opposition laïque donna le signal de la révolution,

---

(1) *Placc. van Vland.* VII Boek III *deel* (*Appendix*) f° 832.

(2). *Ibid.* VI *Boek,* III *deel* (*appendix*), *f*lis. 1924, 1927.

(3). Voyez à propos des ordonnances du 3 Novembre 1786 et du 20 Mars 1787, la déclaration des Etats de Brabant « qu'ils ne pouvaient consentir à » voter la continuation des impôts, *tant que les infractions à la joyeuse en-* » *trée ne seraient pas redressées.*» Le 20 Avril 1787 les Nations de Bruxelles faisaient une semblable déclaration.

elle en fut aussi l'instrument ostensible et efficace; le clergé n'y entra que sournoisement et en se cachant derrière l'élément civil; c'est ce que nous prouve l'étude de la formation et des actes de l'assemblée, dite *Vergaderinge van West-Vlaender.*

Les premiers procès-verbaux de cette réunion représentative nous donnent la clef de la renaissance des Etats, dans le *West-Quartier*; nous y voyons qu'on adopta des formes légales, pour arriver à des actes révolutionnaires. Le 28 Octobre 1789, quatre jours après que Vandernoot avait lancé le « Manisfeste brabançon. »
« Le Magistrat de la ville d'Ypres, chef-ville (*hoofd-stad*)
« de la West-Flandre, adresse aux magistrats et admi-
« nistrations de ce département, copie authentique de la
« lettre suivante, *avec prière de vouloir se conformer*
« *à son contenu.* »

« Messieurs,

« Je viens d'être informé que l'avocat *Vandernoot*
« aurait eu l'audace d'adresser par lettres signées de lui
« à plusieurs administrations de la Flandre, une espèce
« de manifeste fait en Brabant, le 24 de ce mois, par
« les ecclésiastiques, tiers Etat et quelques membres
« de l'Etat Noble du Brabant, dans lequel on les invite
« de se joindre à eux contre Sa Majesté l'Empereur.
« Je vous fais la présente pour vous dire que mon in-
« tention est qu'à la réception de la présente, vous
« écriviez par estaffette à toutes les administrations du
« département de la West-Flandre, de me remettre

« directement, par la voie la plus prompte possible, « cette lettre et ce manifeste avec la résolution qu'ils « y auront prise.

« Je suis très-parfaitement, Messieurs, votre très-humble « et très-obéissant serviteur.

(signé) Trauttmansdorff. »

« Bruxelles le 27 Octobre 1789 (1). »

Le lendemain, 29 Octobre 1789, le magistrat d'Ypres reçoit, et transmet aux mêmes administrations, deux nouvelles lettres du Ministre plénipotentiaire, portant la date du 28 Octobre. Dans ces documents, il est question de « soit disants Patriotes Brabançons ; » de « pièces scandaleuses ; » « d'ordres donnés pour que les pièces, « attentoires aux droits de souveraineté de Sa Majesté « l'Empereur, soient lacérées et brûlées par le Maître « des hautes œuvres ; de mesures prises pour faire en- « lever les personnes impliquées. » Toutefois, le droit national est si fort, que le Ministre croit devoir terminer en disant : « qu'il ne sera rien statué à l'égard d'aucune « de ces personnes, que par droit et sentence pardevant « le *juge compétent*. » Cette fois, le Magistrat d'Ypres transmet l'ordre, sans prier les administrations respectives de vouloir s'y conformer (2).

Que vont faire les administrations urbaines et du plat pays, en présence de toutes ces colères et de toutes ces

(1) T. 1er. *Introduction*, procès-verbal du 28 Octobre 1789. (B).
(2) *Ibidem*, *Introduction*, 29 Octobre 1789. (B).

menaces du pouvoir? Isolées, elles sont impuissantes; coalisées, elles oseront braver le pouvoir. La ligue, cette arme puissante des périodes agitées de l'époque communale, va se former de nouveau; sous son égide, la West-Flandre saura reconquérir son droit de réprésentation: les *Etats* vont y renaître sous le nom de *Vergaderinge van West-Vlaender.*

Le 24 Novembre 1789 — moins d'un mois après la réception des lettres comminatoires du Ministre plénipotentiaire — le Magistrat d'Ypres, ensuite d'une résolution du grand conseil de cette ville (*Grooten gemeenen Raed*) (1), prend une hardie initiative: il fait part à toutes les administrations du *West-Quartier* des conférences tenues avec des délégués du comité patriotique de Bruges et du pays du Franc (2) et, en même

(1) Le grand Conseil, ou *grande Commune*, était ainsi composée: « Hoog-« Bailliu, Voogd, Schepenen, Raeden van Kamer, Raeden XXVII, Raeden, « notabele Poorters, en voordere collegien maekende den Grooten-Gemeenen-« Raed der stad Yperen. » (T. II, 6 September 1790). (H).

(2) Ces délégués de Bruges étaient les représentants d'une Assemblée Révolutionnaire, réunie dans cette ville et composée de fondés de pouvoir du magistrat de Bruges et du pays du Franc, et des fondés de pouvoir des grands-doyens et chefs-hommes des trois grandes *Gildes*. Ce Comité de défense avait envoyé à Ypres deux députés: — Un noble, « Heer ende Mre *Ysenbrandt* » l'autre, un roturier, « Swaerdeken van den ambagte der Timmerlieden *Joseph Vinage.* » (T. I, *Introduction,* 24 Novembre 1789). (H).

« Un Comité s'établit dans la ville de Gand; Bruges suivit cet exemple. « Trois membres du Comité de cette dernière ville parcoururent la West-« Flandre; les discours qu'ils adressèrent à quelques magistrats de cette « province parurent ne devoir laisser aucun choix sur la conduite qu'on eut « pu tenir dans ces circonstances délicates.

. . . . « Il était réservé au Comité de Gand, de fixer le parti, auquel il « ne leur était plus permis de se refuser.

« Le 7 Décembre 1789, arrivèrent à Ypres trois membres de ce dernier « Comité, escortés par des dragons volontaires; ils y renouvellèrent les « Magistrats de la ville et de la Châtellenie et firent successivement la même « besogne dans les autres villes de la province. » (MÉMOIRE, etc. T. IV, A. G. Pièce jointe. (G).

temps, il convoque les *députés* des diverses administrations de la West-Flandre à l'*Assemblée* qui sera tenue à la salle échévinale d'Ypres, le 27 suivant, pour y prendre une résolution générale (*ten eynde eene generaele resolutie te trekken*) sur les points concernant la West-Flandre rétrocédée. Un jour de volonté révolutionnaire donnait ce qu'une centaine d'années de sollicitations n'avait pu obtenir.

La première séance de l'assemblée eut lieu le 27 Novembre 1789; la dernière porte la date du 11 Avril 1794. Ces Etats eurent donc, avec un interrègne de plus de trois mois, une durée de quatre ans et près de cinq mois; ils tinrent, en tout, cent vingt-neuf réunions générales, souvent nommées *ad omnes*. Avant d'examiner quels furent les actes de cette représentation provinciale nouvelle, il convient de montrer quels furent ses éléments constitutifs et son mode de délibération.

III.

Cette assemblée, spontanée pour ainsi dire, n'avait pas de règlement : c'est pendant le cours de ses délibérations qu'elle se traçait des règles de procédure; ses nombreux procès-verbaux peuvent seuls indiquer comment elle était composée et comment les résolutions étaient prises, et encore c'est par parcelles que l'on parvient à recueillir ces éléments.

La *Vergaderinge* se composait de quatorze membres ; les députés du clergé, les députés des villes, châtellenies, etc., les députés du *Comité patriotique* d'Ypres. La réunion la plus nombreuse, celle du 7 Décembre 1789 (1), indique cette division et le nombre des députés, de la manière suivante :

Pour le Clergé

(*Over de Heeren Geestelyke*) 4

Alipius Struye, Prélat de l'Abbaye de *Voormezeele.*

Corneille Heddebaudt, Prélat de l'Abbaye de *S*[t] *Jean-du-Mont,* à Ypres.

Fiacre-Jacques Strabant, Ecolâtre.

Benoit-Vincent Samarcq, Chanoine de la cathédrale d'Ypres.

A reporter 4

(1) T. I, A. G. 7 Décembre 1789 (II).

Report 4

POUR LA VILLE D'YPRES. 3

Jacques-Ignace-Jean de Langhe de Scheurpitte, premier Echevin.

Eugène-François de Ghelcke de Gracht, Echevin.

Constant-François Vermeersch, Conseiller-pensionnaire.

POUR LA SALLE ET CHATELLENIE D'YPRES. 3

Joseph de Patin de Letuwe, Echevin.

Henri De Codt Van den Broucke, Echevin.

François Vandermeersch, Conseiller-pensionnaire.

POUR LA VILLE ET CHATELLENIE DE FURNES. 3

Ferdinand de Moucheron de Wytschaete, Bourgmestre et Landhouder de la commune.

Ferdinand de Man de Volkenswerve, Echevin et Keurheer.

Norbert Marannes, Conseiller-pensionnaire.

POUR LA VILLE ET CHATELLENIE DE WARNÊTON. 2

François-Joseph Seghers, Avoué.

Charles-Constant Spinnewyn, Echevin.

POUR LA VILLE ET JURIDICTION DE POPERINGHE. 4

François de Soutter, Bourgmestre de la commune.

Pierre-Guillaume Cadock, Conseiller-pensionnaire.

Benoit Reyphens, du Collége des Conseillers.

Pierre-Joseph de Vrière, du Collége des Notables.

POUR LA VILLE ET LE TERRITOIRE DE WERVICQ. 2

François Fauvarcq, Bourgmestre.

Jean-François Paret, Echevin.

A reporter 21

Report 21

POUR LA VILLE DE MENIN. 2

Jacques-Louis-Antoine Angillis de ter Haye, Echevin.
Joseph-Vincent Van den Bussche, Greffier.

POUR LA VERGE DE MENIN. 3

Pierre Van Rumbeke, Haut-Bailly.
Jacques Holvoet, Echevin.
Joseph Ghesquière, Conseiller-pensionnaire.

POUR LA GÉNÉRALITÉ DES HUIT PAROISSES. 2

Henri de Mey, Bailli d'*Elverdinghe*.
Jean-François Pille, Greffier de *Coppernolle*.

POUR LA VILLE DE DIXMUDE. 2

François De Breyne, premier Echevin.
Pierre Rabaut, Echevin.

POUR LA VILLE ET LA POORTERIE DE LOO. 2

Jean-Baptiste Ryon, premier Bourgmestre.
Jean-François Ackenys, 2e Bourgmestre.

POUR LA VILLE DE ROULERS. 2

Guillaume Roelens, premier Echevin.
Pierre De Necker, Echevin.

LE COMITÉ PATRIOTIQUE D'YPRES,
fut admis à se faire représenter. 2

Charles-Benoit Van Hove.
Pierre Malou, ancien Echevin.

Total 36 (1)

Le procès-verbal, après cette énonciation, ajoute: « tous sans préjudice du droit de chacun et de son

(1) T. I, A. G, 7 Décembre 1789 (H).

» rang de siége (1). » Cette question de préséance, ainsi résolue à l'aide d'une simple réserve, est à elle seule un progrès du temps. En effet, on se souvient que, dans nos Assemblées Générales anciennes, de fortes et longues discussions s'élevaient sur le point de préséance, notamment dans celles de 1598 et de 1600 (2).

Le clergé et les membres du *Comité patriotique*, qui paraissent dans ce tableau de présence, n'étaient pas primitivement convoqués, ni présents à la première séance. Il est curieux de voir comment ils prirent place dans l'assemblée

Quant au clergé, loin de chercher à y prendre rang, comme ordre, et d'après ses anciens privilèges, il y entra sous un patronage laïc et révolutionnaire. Le procès-verbal de la première séance donne une idée de cette petite comédie, il porte en tête la relation suivante:

» A la présente assemblée, il a été présenté d'abord » que deux Messieurs, Députés du *Comité patriotique* » de cette ville et Châtellenie d'Ypres, demandaient au- » dience, aux fins d'être admis à cette assemblée.

» FUT résolu de laisser trois membres de l'assemblée » se rendre auprès d'eux, pour, après avoir entendu » leur demande, les introduire.

» Lesquels deux Messieurs, à savoir le sieur *Charles* » *Benoit VanHove,* et le sieur *Pierre Malou,* l'un et

(1) T. I, A. G. 7 Décembre 1780 (H). « Alle sonder prejuditie van elks regt ende rang van zittinge. »

(2) GACHARD, *Documents sur les Etats-Généraux de 1600, passim.*

» l'autre ancien échevin de cette ville, introduits en séance et assis au Bureau (*Buffet*) ont transmis leur commission et fait la proposition qu'ils étaient chargés de déposer. Et d'abord que cette assemblée inviterait des députés du clergé, pour intervenir dans toutes les délibérations du Département.

» Fut résolu d'inviter le clergé, par députés, à cette assemblée et qu'à l'avenir ils seront convoqués comme par le passé (1).

» Ensuite de quoi, sont comparus Monsieur et Messire *Antoine-Pierre Walwein*, Doyen et Monsieur et Messire *Benoit-Vincent Samarcq*, Chanoine de la Cathédrale de cette ville » (2).

Ces députés du clergé doutaient si peu de leur admission, que séance tenante, ils sont présents, sans doute munis des instruments de leur délégation. L'assemblée se prêtait à cette admission improvisée, parceque, en temps de révolution ainsi qu'en temps de guerre, on accepte facilement comme alliés ceux que l'on craint de rencontrer comme adversaires. Quant à l'admission des députés du *Comité patriotique* d'Ypres, voici ce qu'on lit, dans le procès-verbal de la seconde séance de l'Assemblée :

« Sont aussi comparus le sieur *Charles-Benoit Van Hove* et le sieur *Pierre Malou*, anciens échevins de la

(1). Ces derniers mots sont une allusion à ce que le clergé de Flandre, de droit et de fait, avait siége dans les états de la province, comme dans les assemblées nationales.

(2). T. I, A. G. 27 Novembre 1789 (H).

» ville d'Ypres, comme députés du Comité patriotique, » et *en conséquence de leur admission à la précédente* » *séance* (1). » Ils s'étaient présentés, comme introducteurs du clergé, les voilà admis pour leur propre compte; la révolution et le clergé se donnaient la main.

Le tableau, que nous donnons plus haut, ne représente pas le personnel constant de l'Assemblée, car, à la séance suivante, celle du 23 Décembre 1789, sur trente-deux membres présents, nous remarquons dix noms nouveaux (2); à d'autres séances, de nouveaux noms encore (3).

Il est probable qu'à chaque convocation, chaque administration déléguait quelques uns de ses membres, suivant les circonstances; car on voit, par les qualifications ci-dessus, que tous les députés laïcs étaient membres des magistratures locales. Une lettre de Menin, du 12 Février 1793, s'exprime ainsi: « .... d'autant plus qu'il avait été question de toute autre chose Dimanche passé, d'après le » rapport *de deux députés dudit jour* (4). »

Ce tableau ne donne pas non plus, par le nombre des députés, une idée de l'importance respective de chaque localité représentée, car Poperinghe compte quatre Députés, tandis qu'Ypres n'en a que trois. Si l'on voulait

(1) Tome I, A. G. 7 Décembre 1789 (H).

(2) Ibidem, A. G. 23 Décembre 1789 (H).

(3) Ibidem A. G. 4 Janvier et passim (H).

(4) T. III, D. P. 12 Février 1793 (H).

Pour faire voir d'un seul coup d'œil la transformation successive du personnel de l'assemblée, nous avons réuni dans plusieurs tableaux les noms des divers députés qui ont représenté chaque membre. Voyez annexe A. B. C.

juger de l'importance relative de chaque collége représenté de la West-Flandre, on la trouverait plutôt dans un projet, arrêtant provisoirement l'influence des voix pour chaque localité. Ce plan, dont nous n'avons pas trouvé la mise en œuvre, est ainsi conçu:

« Fut conçu, sauf agréation de Messieurs nos prin-
» cipaux, projet d'un plan de l'influence des voix pour
» les divers Membres et Administrations, formant les
» Etats de Flandre, comme il suit:

» Clergé	5	voix.
» Ville d'Ypres	8	
» Châtellenie d'Ypres	12	
» Ville et Châtellenie de Furnes.	15	
» Warnêton	5	
» Wervick	3	
» Poperinghe	5	
» Ville de Menin	4	
» Verge de Menin	8	
» Huit paroisses.	7	
» Dixmude	2	
» Loo	2	
» Roulers et suivants (*met volgers*)	4	
	80	

» Dont 60 voix formeront la majorité pour toute dé-
» libération et résolution ayant pour but de taxer la gé-
» néralité, devant pour toute autre délibération être sui-
» vie la majorité simple et ordinaire, suivant l'évaluation
» respective ci-dessus; par provisison et durant le cours

» de la présente session, tout restera dans le *statu quo* » (1).

Quel était ce *statu quo*, ce mode ordinaire de votation? Nous en trouvons l'indication, dans une annexe à une délibération relative à la question de savoir si les états de la West-Flandre devaient *s'unir ou ne pas s'unir* aux états de l'Oost-Flandre. Nous reproduisons ici cette pièce, parcequ'elle nous donne la clef du mode de votation et de décision de notre assemblée.

---

(1) T. II. A. G. 25 Janvier 1791 (H). C'est-à-dire lorsque les Etats de West-Flandre avaient déjà fait leur soumission à leur souverain et avant d'en avoir obtenu la reconnaissance de leur droit de représentation. Cette nouvelle organisation ne fut conçue que sur la menace de ceux de Furnes, refusant de se rendre à l'assemblée, parce que ceux d'Ypres y étaient trop-prépondérants. Le clergé n'y était compris qu'à la condition de payer, dans les taxes générales, sur le pied que le même clergé avait payé l'an 1787.

Le 9 Janvier 1793, *les représentants provisoires du peuple de Furnes et du Furnambacht*, refusant de se rendre à l'assemblée d'Ypres, proposèrent la répartition suivante des voix (influence) calculée sur l'importance d'une contribution collective de Fl. 90,037-6-0.

Ville d'Ypres,	Fl. 3,680 - 0 - 5 1|3	—	4 voix
Ville de Dixmude . . . } et ville de Loo . . . . }	531 - 18 - 2 2|3	—	1
Châtellenie d'Ypres et de Roulers	25,194 - 14 - 8	—	25
Ville et Châtellenie de Furnes	27,480 - 19 - 1 1|3	—	27
Huit paroisses et branches.	9.526 - 11 - 1 1|3	—	10
Ville et Châtellenie de Warnêton	6,453 - 17 - 9 1|3	—	6
Ville et Juridiction à Poperinghe	4,831 - 9 - 4	—	5
Ville et territoire de Wervicq	1,279 - 1 - 1 1|3	—	1
Ville et Verge de Menin.	11,058 - 14 - 2 2|3	—	11
	Fl. 90,037 - 6 - 0	—	90 voix.

A quoi l'assemblée répondit que c'était là une échappatoire « indigne de républicains et de représentants du peuple » (III A. G. 10 Janvier 1792) (H).

Malou-Riga, Député auprès de la convention française, consulté sur ce projet, répond: » n'eut-il pas été absurde que dans un moment où pour toute » la France et toute la Belgique on ne se distingue dans les représentations » que par le nombre qui est pris suivant les populations, ceux-ci viennent » nous parler d'argent...? » (Lettre de Paris. 14 Janvier 1793) III, 18 Jan- » vier 1793 (H).

Nº VIIJº.

« Acte-votation des membres respectifs du département
« concernant *l'union*, ou la *non-union* avec l'Oost-Flandre.

« POUR S'UNIR AVEC L'OOST-FLANDRE.

« Pour l'union, pour la ville de Dixmude, avec pro-
« testation *casu quo*.

(signé) *P. J. Rabaut.*
1790.

« Ville de Loo.

(signé) *J. B. Ryon.*

« POUR NE PAS S'UNIR.

« Ville d'Ypres.

(signé) *J. I. J. D. L.* (1)

« Châtellenie d'Ypres.

(signé) *LZWT.* (2)

« Ville et Châtellenie de Furnes.

(signé) *N. J. J. Marannes.*

« Ville et Châtellenie de Warnêton.

(signé) *Hennessy.*

« Ville et territoire de Wervicq.

(signé) *J. B. Castelain.*
1790.

« Verge de Menin.

(signé) *Paul Van Ruymbeke.*

---

(1) Paraphe de Jacques-Ignace-Jean De Langhe.
(2) Paraphe de Pierre-Jacques Lantszweert.

« Pour la généralité des Huit Paroisses et Branches « en West-Flandre.

(signé) *J. B. Vanderghote.*

« AD DIFFERENDUM.

« Messieurs (d'Heeren) du Clergé, *ad examinandum.*

(signé) *A. Struye.*

« *Inquirendum.*

« Ville et juridiction de Poperinghe.

(signé) *Cadock.*

« *Examinandum.*

« Ville de Menin, avec protêt contre résolution contraire.

(signé) *J. L. A. Angillis de ter Haye.*

« Ville de Roulers.

(signé) *A. I. Du Bois.*

« Ainsi cette votation faite, en Assemblée du Département de la West-Flandre, concernant le point d'union « avec l'Oost-Flandre, ou d'érection en Etat séparé, le « 3 Mars 1790.

(signé) *Hynderick* (1).

La résolution, à laquelle l'acte-votation précédent se rapporte, s'exprime ainsi :

« 3° Touchant le troisième point de la lettre de con- « vocation susdite, résolu par le département de la « West-Flandre de ne pas s'unir avec l'Oost-Flandre, « mais de s'ériger en Etat séparé, ensuite du vote émis « à cet égard et ici joint sous le N° VIIIJ°.

---

(1) T. I, A. G, 5 Mars 1790 (II).

« Fut encore résolu de proposer à Nos Seigneurs « principaux, qu'à la première Assemblée *ad omnes* il « soit délibéré s'il ne serait pas convenable d'instituer « une commission pour former le projet d'un plan d'or- « ganisation des Etats de la West-Flandre, tant concer- « nant l'influence et le rang de chaque membre, et « autres points y relatifs, comme aussi pour prendre « d'autres mesures d'administration pour la West- « Flandre (1). »

Il résulte des deux passages que nous venons de reproduire : 1° que l'Assemblée de la West-Flandre se composait de treize membres, y compris le clergé : les Députés du *Comité patriotique* d'Ypres ne paraissent plus ici. 2° Que la convocation portait les objets à traiter. 3° Que la votation se faisait par membre, quelque fut le nombre des députés de chaque ressort. 4° Que la votation se faisait par écrit et était signée, ou paraphée par un seul membre du ressort. 5° Que quoiqu'il y eût des lettres de convocation avec indication des questions à résoudre, il y avait encore des votes *ad referendum*. 6° Que, malgré que le vote fut décisoire, il y avait des votes avec *protestation* et *protêt* contre toute décision contraire à celle du vote émis..... Nous n'avons trouvé que ce seul exemple de publicité donnée à la votation. Toutes les résolutions sont indiquées par ces mots : « *Wierd geresolveert.* »

Cette circonstance, qu'un seul député votait pour tout

---

(1) T. I, A. G. 5 Mars 1790 (II).

le ressort, fait croire qu'on délibérait comme dans d'autres assemblées anciennes, par groupes et à part, afin de prendre une résolution commune. Y avait-il, avant ou après, une discussion générale? Rien ne l'indique. Mais, si l'on consulte les procédés des Assemblées anciennes, il est probable qu'il y avait une discussion en commun et qu'après cela les députés de chaque localité se retiraient à part, pour résoudre, car les documents des Etats-Généraux portent souvent ces mots : *Et s'étant retirée, chaque province apporta sa résolution.*

Le vote par membres présents était seul admis, nous trouvons un cas, ou une proposition de voter par lettre fut formellement repoussée (1).

Quand on voit le mode de nomination de ces députés, leur pouvoir passager et *ad referendum*, leur vote collectif sans débats publics, doit-on s'étonner que, avec de tels éléments, ces Etats n'aient pu jeter un vif éclat, ni opérer de grandes mesures? L'Assemblée était, par son origine, révolutionnaire, et cependant, ses allures furent timides et ses actes peu réformateurs. En pouvait-il être autrement dans une réunion, où n'avaient pas accès ces esprits novateurs que l'élection directe découvre et met à la place dans laquelle ils peuvent faire briller leur forte individualité, et faire triompher leurs idées de progrès? Aussi verrons-nous bientôt dans quel cercle

(1) T. I. A. G. 12 Février 1790 (H). « Ende op den brief van het Magistraet der stad Loo, van den 10en deezer, verzoekende dat hunne voys tot « den keus van gezeyden ontfanger by brieve zoude aenveerd worden, *ge- « rosolveert tot dese vergaerdering gene andere* VOTE *te admitteren als by « gedeputeerde*, ende den geseyden brief aen het zelve Magistraet weder- « zendende, hun van deze resolutie part te geven. »

étroit se sont remués, toujours avec dévouement et activité, mais souvent sans larges vues, ces Etats, qui, après une existence de plus de quatre ans, ne doivent laisser que peu de traces d'esprit d'innovation et de réforme.

Et cependant, en examinant attentivement la composition de l'Assemblée de la West-Flandre, on y remarque deux notables changements à la forme de la représentation ancienne: d'abord, en ce que la votation tendait à ne plus s'établir par ordre; ensuite, en ce que les intérêts du plus grand nombre y gagnaient en influence, puisque le tiers état y était plus fortement représenté.

En effet, le Clergé qui, dans les Assemblées nationales ou Etats-Généraux, intervenait comme ordre, comptant ainsi pour un tiers dans l'influence générale, c'est-à-dire dans le vote, ne parait plus ici que comme membre; donc en grande minorité et réduit à la simple influence du moindre membre civil.

La noblesse, qui s'était laissée exclure, comme ordre, des Etats de Flandre, ne parait pas non plus, en cette qualité, à l'Assemblée de la West-Flandre. Certainement, un assez grand nombre d'individualités de l'ordre noble s'y font remarquer, mais ce n'est pas en vertu de leur noblesse qu'ils y siégent, mais bien comme représentants des administrations locales, dont ils font partie.

Quant au tiers-état, il formait la majorité de l'Assemblée, puisque la plupart des députés des petites villes et des ressorts ruraux appartenaient à cet ordre, et même, les représentants de cette catégorie se recrutaient dans les rangs inférieurs de l'ordre plébéien. Huit paroisses rurales formaient un membre de l'Assemblée (1), et y étaient représentées par deux députés. En examinant les listes que nous avons formées de tous les députés qui se sont présentés aux séances pendant la durée de l'existence de ces Etats (2), on est surpris du grand nombre de personnes différentes qui sont intervenues, au nom de ce ressort rural : soit que, jalouses les unes des autres, ces paroisses n'aient pas voulu confier une délégation permanente à des personnes étrangères à leur localité, soit plutôt que les administrations des huit paroisses se soient entendues pour avoir, chacune à son tour, l'honneur d'aller siéger à l'Assemblée de la généralité du West-Quartier. Et chose plus étonnante encore, dans cette modeste représentation campagnarde, c'est aux individus les moins élevés de la hiérarchie administrative — *aux Greffiers* (3) — qu'échoit le plus souvent l'honneur de ce mandat : noble émulation, intelligente compétition qui semblent être les avant-coureurs

(1) *La généralité des huit paroisses et branches* se composait ainsi : *Elverdinghe*, *Vlamertinghe*, *Watou*, *Noord et Zuyd-schote*, *Renyngelst*, *Reninge*, *Woesten* et *Locre*. (*Crombeke*, *Swynland* et *Westoutre*, étaient des branches, *branken*).

(2) Voyez aux Annexes.

(3) Du 27 Novembre 1789, au 17 Avril 1793, dix Greffiers différents se présentent à l'Assemblée.

impatients de l'égalité, qu'un avenir prochain réservait, pour les temps modernes, aux citoyens de toutes les classes de la société !

Dans le principe, les députés à la *Vergaderinge* étaient défrayés sur des ressources de la généralité. Le compte de 1790 en donne la preuve : « Payé à « Messieurs du clergé et des différentes Administrations, « composant l'Assemblée des Seigneurs Etats de la « West-Flandre, la somme de fl. 936 (fl. 1043-861-862- « 892-1498) pour leur présence à la dite Assemblée « du . . . au . . . (1). » Mais bientôt après, cette indemnité fut mise à la charge de chaque localité qui envoyait des Députés. Le 25 Janvier 1791, au moment de sa soumission au pouvoir souverain rétabli, l'Assemblée prend la résolution suivante : « . . . fut résolu : « d'abord sur le premier point, de maintenir et de « continuer *ad interim*, sous le nom d'Etats, l'Assem- « blée pour les affaires concernant la généralité de la « West-Flandre : les députés à cette Assemblée, restant « aux frais de chaque Administration par laquelle ils « seront envoyés (2). » Ce dernier mode était celui suivi par les Etats-Généraux et les Etats de Province.

Les lettres de convocation et les procès-verbaux de l'Assemblée prouvent qu'elle se tenait dans la salle Echevinale d'Ypres (3). C'était aussi aux *Halles* et appa-

---

(1) Compte de 1790, Ch. 37, Art. 1, 2, 3. 4, 5, 6. T. III (G).
(2) T. II., A. G., 25 Janvier 1791 (H).
(3) « *In onze Schepen-Kamer, ten stadhuyze dezer stede.* » — « *In* « *Schepen-Kamer.* » (H. *Passim*).

remment dans la même salle que se réunissait la Députation permanente. On dirait que, dans ces antiques constructions, on respirât naturellement un esprit d'opposition; car, si adoucie qu'elle fût, l'humeur de ces fils d'anciens *communiers* se ressentait encore quelque peu de la mâle fierté et de la forte indépendance de leurs ancêtres. Dans cette même salle, où des magistrats-bourgeois avaient anciennement correspondu avec les rois de France, d'Angleterre, d'Espagne et avec de puissantes républiques, dans cette même salle, des représentants-bourgeois envoyaient aujourd'hui des lettres et des députés aux Etats-Généraux de Hollande et à la Convention de France et usurpaient toutes les prérogatives du pouvoir légal. Dans notre pays et à Ypres autant qu'ailleurs, nos antiques monuments ont été, pendant des siècles, comme les témoins muets de cette rude opposition, devant laquelle plus d'un pouvoir souverain vint à plier, ou à se briser (1).

L'Assemblée avait pris à son service deux Messagers d'Etat, *Staete-Boden*, qui devaient être toujours à sa disposition et prêts à porter hors ville les messages et commissions des Etats (2).

(1) L'Administration communale d'Ypres, qui a si intelligemment opéré la restauration des *Halles*, se propose d'y faire exécuter des peintures murales, retraçant quelques faits du glorieux passé de l'antique commune flamande. Serait-ce émettre un vœu indiscret que de formuler l'espoir que notre *Vergaderinge* trouvera sa place, dans ce que nous pourrions appeler *l'illustration* de l'histoire yproise? Les portraits encore existants des principaux personnages de cette Assemblée pourraient rendre cette reproduction très-intéressante.

(2) T. II, D. P. 6 Juillet 1790 (B).

Les réunions de l'assemblée avaient lieu ou d'après sa propre décision, ou sur la convocation de la Députation permanente; elles étaient parfois séparées par de longs intervalles, parfois aussi elles se continuaient pendant plusieurs jours à la suite. — « *Continuatum.* » L'heure ordinaire de la séance était neuf heures du matin; souvent on siégeait encore après-dînée — « EODEM *a meridie* « EODEM *ten* 2 *uren naer middag* » (1). Nous trouvons une séance tenue à minuit (2), preuve de la vigilance de ces députés: il s'agissait de prendre des mesures pour étouffer un essai de contre-révolution qui avait éclaté dans la garnison de Menin.

La *Vergaderinge*, délibérait à huit clos; vers la fin de son existence nous trouvons les deux résolutions suivantes:

« Sur la proposition des Députés des Représentants du » peuple de la ville d'Ypres (*Comité patriotique*) faite » quant au point de savoir s'il conviendrait que toutes » les réunions des représentants du peuple de la West- » Flandre soient tenues publiquement:

« Fut par les Députés respectifs demandé, avant de » délibérer sur ce point, un temps moral, aux fins de » pouvoir s'enquérir sur ce qui sur ce point est suivi » et pratiqué dans d'autres provinces de Belgique, et » aussi des avantages et des inconvénients à résulter de » la publicité ou de la non publicité de la dite assem-

(1). T. 1. A. G. 4 Janvier 1790 et passim (H).

(2). Ibidem, A. G. 30 Mai 1790. « *continuatum* » den 30 Mey 1790, ten 12 uren 's nagts » On y écrivait, séance tenante, au Congrès de Bruxelles.

» blée, pour alors pouvoir prononcer avec connaissance » de cause sur la matière proposée » (1).

« En outre, sur la publicité des séances de la *Ver-* » *gaderinge*, ou sur le maintien des *statu-quo*, aucune » décision ne fut prise et fut résolu d'ajourner la pro- » position » (2).

L'heure du *coram populo* n'avait pas encore sonné. Heureux progrès du temps et des idées, aujourd'hui, la publicité des séances du parlement est une des conditions essentielles de cette forme de gouvernement. En Angleterre, sans être prescrite par les lois elle est admise dans la pratique ; en Belgique, elle n'est pas laissée à la discrétion des deux Chambres, mais elle est constitutionnellement obligatoire, hors les cas exceptionnels (3).

Si l'on veut juger de l'importance de l'Assemblée de la West-Flandre et du West-Quartier tout entier, mis en comparaison avec les autres provinces, on n'a qu'à consulter quel rang la West-Flandre occupait quant à *l'influence* et quant aux *impositions*, dans le *traité d'union et établissement* DU CONGRÈS SOUVERAIN *des Etats Belgiques unis, du 11 Janvier* 1790.

Quant à *l'influence* il fut décidé que : « Les affaires » reprises au traité se décideront sur la pluralité de cin- » quante-six voix contre trente-quatre, dans la proportion » suivante : »

---

(1) T. III, A. G. 11 Janvier 1793 (R).
(2) *Ibidem*, A. G. 24 Janvier 1793. (R).
(3) « Les séances des Chambres sont publiques », (Art. 33. Constitution de la Belgique du 7 Février 1831).

« Brabant	20 voix.
« Flandre-Orientale . . .	22
« West-Flandre	9
« Hainaut	9
« Luxembourg	7
« Namur	7
« Malines	4
« Tournai	2
« Tournésis	2
« Gueldre	2
« Limbourg	6
	90 voix (1).

Quant à l'influence, la West-Flandre occupait donc avec le Hainaut, le troisième rang parmi les onze provinces des *Etats de Belgique unis.*

En ce qui concerne les *impositions,* il fut décidé que :

« Toutes les provinces formeront une année commune, » sur les dix dernières années de toutes les contributions » ordinaires et subsides, impôts, entretien de la cour » etc., et sur cette année commune sera reglée la » proportion de la contribualité : mais la proportion de » la province de la West-Flandre se trouvera sur l'année » commune de la Flandre exprimée ci-dessus dans la » proportion que les deux provinces ont dans l'entretien » de la cour, c'est-à-dire de fl. 51,127-0-0 à fl. 215,000- » 0-0 » (2).

C'est-à-dire que la West-Flandre payait à peu près le quart des impositions fournies par l'Oost-Flandre.

(1) T. I, D. P. 11 Janvier 1790 (H).
(2) T. I, D. P. 11 Janvier 1790 (H).

Les résolutions prises par l'Assemblée, sont sommairement indiquées par les procès-verbaux « WIERD *geresolveert* », sans mention des motifs admis, ni de la majorité acquise. Tous les membres présents signent ce procès-verbal, les Députés du Clergé toujours en tête; le Greffier « *Actuarius* » signe les lettres écrites, au nom de l'Assemblée générale et de la Députation permanente. Les procès-verbaux de cette députation sont parfois signé par l'*actuarius*. Bientôt il fut arrêté que : « Les » résolutions *ad omnes* ne seront plus signées par tous » les Députés, mais seulement par l'*actuarius*. »

Il y avait un président de l'Assemblée, nulle part nous ne trouvons des traces du mode de sa nomination; deux fois seulement, nous rencontrons les indications suivantes :

« EODEM, à deux heures après-midi, par continuation, » présents tous les membres ci-dessus indiqués, à l'exception de Monsieur l'*Avoué Vanderstichele*, à la place » duquel a succédé, comme Président, Monsieur l'*Echevin de la ville d'Ypres, de Ghelcke de Gracht*, et à » sa place, Monsieur l'*Echevin de la même ville Joncker* » *Jacques Stanislas de Limon* » (1). Si on peut en juger par ce seul indice, on serait porté à croire que la présidence était dévolue au Magistrat le plus haut en rang de la ville d'Ypres, présent à l'assemblé, comme un hommage rendu à la ville, chef-lieu du département *Hoofdstad*. Ce qui nous confirme dans cette opinion, c'est

(1) T. I. A. G. 4 Janvier 1790 (B).

qu'un autre procès-verbal contient la mention suivante: « furent nommés à cet effet (une députation), Sa Grandeur » l'Evèque d'Ypres et Messieurs *de Langhe*, NOTRE PRÉ- » SIDENT » (1). M. de Langhe, était premier échevin de la ville d'Ypres (*Voor-schepen*), et l'avoué (*Voogd*) Vanderstichelen n'assistait pas à cette séance.

Outre l'Assemblée Générale, dont nous venons d'indiquer la forme, la *Vergaderinge* de la West-Flandre avait une députation permanente. Dès sa seconde réunion, elle avait reconnu cette nécessité et établi cette institution. Cela résulte de la disposition suivante:

« Résolu, à l'unanimité.... 2° Que par le clergé et » chaque Administration (cercle, ou collège électoral) » seraient nommés deux Députés *permanents* en cette » ville, devant former la *Députation Permanente* de la » West-Flandre, pour prendre les résolutions qui, dans » les circonstances pressantes, ne souffrent pas de retard; » de laquelle députation deux députés interviendront » dans le Comité patriotique de cette ville, et deux » députés du dit comité interviendront dans la dite » députation de ce département » (2).

Il ressort de cette résolution que cette Députation permanente pouvait être composée de 28 membres, deux de chacun des treize membres, et deux du Comité patriotique et que ces membres pouvaient être autres que les députés envoyés à l'Assemblée. Quels furent-ils? Rien ne permet de décider cette question, car les procès-

(1). T. II. A. G. 22 et 23 Juillet 1790 (H).
(2) T. I. A. G. 7 Décembre 1789 (H).

verbaux des réunions ne donnent pas le nom des membres présents; ils portent en tête: « ACTUM par la » Députation permanente de Messieurs du clergé et des » magistrats de la West-Flandre, en l'Hôtel-de-ville » d'YPRES, chef-ville de la West-Flandre, le . . . . » (1). Ou bien: « ACTUM en Députation permanente de la » West-Flandre, le . . . . » (2).

Une Députation aussi nombreuse établissait pour ainsi-dire la permanence de l'Assemblée, car les séances de ce collège étaient fixées au Lundi et Mardi de chaque semaine, et au Mercredi eventuellement, chaque fois, à neuf heures du matin; si des affaires urgentes réclamaient, les autres jours, une solution immédiate, il y était statué par les administrations du lieu et par les Députés présents (3). On conçoit que, dans l'état imparfait des voies de communication de cette époque, la réunion de tant de membres, composant le Comité permanent de l'Assemblée, fut fort difficile. Aussi, après huit mois d'expérience, on soumit à l'Assemblée un projet de réglement nouveau, établissant la Députation permanente, d'après des dispositions plus pratiques et plus favorables à la prompte expédition des affaires. Ce document, présenté et admis le 1r Juillet 1790 (4), nous parait mériter d'être reproduit en entier.

(1) T. I, D. P. 8 Décembre 1789 (H).
(2) *Ibidem* et *Passim* (H).
(3) T. I, D. P. 6 Février 1790 (H).
(4) « Project van Reglement provisioneel tot spoedige en betere expeditie » van de generale affairen van West-Vlaenderen » (T. II, A. G. 1r Juillet 1790 (H). Ce projet avait été présenté par le magistrat de Furnes, et était probablement dû à la plume de *Norbert Marannes*, conseiller-pensionnaire, homme capable et actif, remuant même et jaloux de briller. (*Ibidem*, D. P. 26 Juin 1790 (H).

« Il est certainement nécessaire et essentiel que, dans » les circonstances critiques où les provinces Neerlandaises » se trouvent, les affaires de la généralité soyent traitées » avec toute la célérité possible, vu que, dans certaines » circonstances, le moindre retard pourrait avoir les ré- » sultats les plus funestes.

. . . .

» Mais il est très-difficile d'organiser convenablement » cette Assemblée (de la députation) avant que l'influence » de chaque corporation et administration ne soit fixée, » et avant que préalablement les Etats eux-mêmes ne » soyent organisés sur des bases solides, d'après les règles » de l'équité.

« Cependant, vu que toutes les considérations parti- » culières doivent être mises de côté, lorsqu'il s'agit de » l'intérêt général de la république et de trouver un » moyen pour expédier avec la célérité nécessaire les » affaires urgentes, on pourrait provisoirement et jusqu'à » ce que les circonstances deviennent moins pressantes, » établir à Ypres une Assemblée permanente, laquelle » traiterait, sans interruption, les affaires d'Etat, celles » de moindre importance directement et par elle-même, » celles plus importantes d'après les instructions et les » résolutions particulières de Messieurs les principaux.

» Cette réunion pourrait se composer d'un membre » de chaque administration, à députer par elle, et d'autant » de membres du clergé qu'il semblera convenir, d'après » les règles ci-après énoncées :

« Les attributions de ces Messieurs pourraient être » les suivantes :

« I. Expédier les affaires ordinaires, dans lesquelles » l'Assemblée permanente a jusqu'à présent résolu et » décidé sans la participation préalable de Messieurs les » principaux, à savoir celles de médiocre intérêt.

« II. Examiner les affaires relatives aux couvents et » religieux supprimés, et par quels moyens et sur quel » pied ils pourraient être rétablis.

« III. Rechercher les Placcarts qui ne répondent pas » aux intérêts de la république, et qui par conséquent » devraient être abrogés ou notablement modifiés.

« IV. S'il se présentait quelques points qui, par leur » importance ou leurs résultats, devraient être unique- » ment décidés avec la participation de Messieurs les » principaux, en ce cas ces points seront remis à deux » membres de l'Assemblée, qui seront chargés de faire » à cet égard, dans la prochaine réunion, un rapport » écrit motivé, pour être envoyé aussitôt *ad omnes*, » afin que chaque administration puisse sans retard, » émettre son vote et que par ce moyen les affaires » soient expédiées infiniment plus promptement.

» V. Si des lettres soit du Congrès, des Etats-Généraux, » soit des diverses provinces ou administrations doivent » recevoir réponse, sera, outre Monsieur l'*Actuarius*, » nommé encore un autre membre, lesquels devront » déposer leur projet de réponse, à l'Assemblée suivante, » même extraordinaire, si l'affaire est urgente.

« VI. Comme il est très-nécessaire qu'il soit fait un » bon et ferme réglement pour la surveillance des che- » mins et voies publiques, il sera égalemont nommé » deux do ces Messieurs pour s'occuper de cet objet » et de faire rapport aux Etats du résultat de leur » mission, pour après examen y être statué.

» VII. Vu que les frais d'impression et de copie des » pièces à transmettre aux administrations s'élèvent » très-haut, il sera nommé un membre comme réducteur, » pour abréger et analyser ces documents; par ce moyen » il sera sensiblement épargné, chaque année, une somme » de fl. 3000.

« VIII. Pour que chaque administration puisse plus » facilement envoyer un membre député à cette Assem- » blée permanente, seront pour honoraires payés, à » chacun d'eux, sept livres parisis par chaque jour na- » turel, et le surplus des dits honoraires sera sup- » porté par chaque administration respective, pour autant » qu'elles le jugeront convenable; et si quelques col- » léges trouvaient convenable d'envoyer plus d'un » député, devront les honoraires du second et suivant » être en entier payés par elles.

« IX. Les membres députés ne recevront, en dessus » des honoraires ci-devant fixés, aucune autre rémuné- » ration pour le travail qu'ils feraient en vertu du » présent règlement provisionnel.

« X. Finalement, si un membre de cette Assemblée » venait à être député vers d'autres villes pour affaires

» regardant la généralité, il lui sera seulement alloué » le remboursement des frais, pour voitures et entretien, » faits pendant le voyage, puisque ses honoraires sont » fixés dans le précédent article.

» Par ce moyen les affaires seront traitées avec plus » de célérité, les principaux auront connaissance directe, » et exerceront de l'influence à l'égard de celles qui » méritent considération, et les frais ne seront pas élevés.

» Dans tous les cas où la nécessité et le bien-être » de la généralité le réclameraient, on prendrait d'autres » mesures que les circonstances exigeraient. »

L'Assemblée Générale adopta ces sages mesures, en y ajoutant quelques dispositions pour assurer la prompte expédition des affaires, l'économie des deniers publics et l'assiduité des futurs membres, car le même procès-verbal ajoute :

« Le tout pris en considération, fut résolu d'agréer » et d'approuver le dit règlement, par provision toute- » fois et sauf révocation, pour commencer lundi prochain » 5 du courant (Juillet 1790), et de plus que cette » Députation tiendra ses séances ordinaires chaque jour » à deux heures et demie, pour commencer les affaires » à trois heures de relevée, excepté les dimanches et » jours fériés, auxquels jours cette Députation ne sera » pas réunie, à moins que cela ne soit jugé utile, » soit par l'assemblée le jour précédent, soit même » par son président, pour affaires urgentes survenues, » en ce sens cependant, que Messieurs les Membres

» jouiront chaque jour de leurs honoraires fixés qu'il » y ait ou qu'il n'y ait pas séance, à condition de » rester ici en ville, en dehors de laquelle ils ne » pourront se rendre sans en avoir averti l'assem- » blée et reçu son autorisation, ou du moins celle du » Président, laquelle autorisation ne pourra être accor- » dée, si, par cette députation, il a été fixée la veille » une réunion spéciale ; et fut aussi résolu que ceux de » Messieurs les Députés arrivant à l'Assemblée après » trois heures sonnées perdront la moitié et, en cas » d'absence, la totalité de leurs honoraires pour ce jour ; » et en ce qui concerne les affaires à traiter par cette » députation, qu'elle arrêtera et résolvera sur toutes » affaires pour lesquels deux tiers des votants jugeront » être suffisamment autorisés et dans le cas où il n'y » aurait qu'un tiers de voix, toutes les affaires se- » ront envoyées *ad omnes.* » (1).

On ne saurait méconnaitre, dans ces sages dispositions, les principes d'ordre et d'économie auxquels nos pères restaient fidèles, même au milieu d'une époque de trouble et d'agitation.

L'article II, relatif au rétablissement des couvents supprimés, n'était assurément qu'un moyen adroit pour gagner du temps et ajourner toute décision sur cette délicate question, en présence des vives instances qui furent adressées par le clergé à la Députation sur les débats, comme nous le verrons bientôt.

---

(1). T. II. A. G. 1 Juillet 1790 (H).

Les articles III et VI indiquent une louable volonté de réforme et de progrès, que l'assemblée n'eut ni le temps ni la force de réaliser.

La Députation permanente était chargée de l'exécution des résolutions de l'assemblée générale et aussi des décisions à prendre sur les affaires urgentes, ce qui établissait pour ainsi dire la permanence de ses réunions; nous la trouvons recevant des communications et prenant des décisions au jour de l'an (1).

Rien ne peut donner une idée des soins, de l'activité et de la prévoyance de cette Députation permanente; nous aurons l'occasion de signaler ces précieuses qualités. Il n'est pas difficile d'y voir l'intervention d'un homme actif, capable et dévoué au bien public. Nous voulons parler de l'*actuarius* ou Greffier de la *Vergaderinge* et en même temps de la Députation permanente, Monsieur le chevalier héréditaire Hynderick (2) qui fut en fonction pendant presque toute la durée de l'Assemblée.

---

(1). T. I. D. P. 1 Janvier 1790 (H).

(2) « *Pierre-Jean-Antoine* HYNDERICK naquit à Ypres, le 18 Août 1755. Il était fils de Pierre-Jean-Antoine Hynderick, échevin de la Châtellenie d'Ypres, et de Dame Thérèse-Suzanne Du Buus d'Hollebeke. Il fit ses études à la célèbre université de Louvain, exerça dans sa ville natale la profession d'avocat, et fût bientôt nommé échevin de la châtellenie d'Ypres. En 1784, âgé seulement de 28 ans, il fut désigné par l'Empereur Joseph II, comme conseiller au Tribunal d'Ypres nouvellement institué. Après la suppression de ce tribunal, l'Assemblée connue sous le nom de *groote gemeente* le choisit comme Conseiller pensionnaire de la ville d'Ypres. Il exerçait ces fonctions, lorsqu'il fut nommé *actuarius* ou Greffier des États de la West-Flandre. Pendant la révolution française, et surtout en 1794. M. le chevalier Hynderick rendit à la ville d'Ypres des services signalés. Rentré dans la vie privée, il fut nommé successivement juge de paix, juge au tribunal séant à Ypres, et président de ce même tribunal. — Il mourut à Ypres, le 28 Décembre 1842, à l'âge de quatre-vingt-sept ans et quatre mois. (I. DIEGERICK, *Annales de la Société historique... de la ville d'Ypres*, 1861, 1e et 2e livraison, p. 28) ». Nous avons trouvé, dans les papiers de M. Hynderick, une pièce prouvant qu'il avait aussi rempli les fonctions de *Conseiller-Général*, sous le 1er Empire Français.

IV.

En abordant à présent l'examen des actes de notre Assemblée et de sa Députation, nous ne sommes pas sans éprouver quelqu' embarras, pour porter un certain ordre dans cette étude. En effet, ces actes sont variés et embrassent des objets d'intérêt différent, comme devait en rencontrer un pouvoir n'ayant d'autre autorité que celle empruntée à l'usurpation et à la révolte, vivant au jour le jour, et ne parvenant à se maintenir qu'en se sauvant, par des expédients, de mille obstacles, — embarras financiers et locaux, retour de la domination contre laquelle on s'était insurgé, et même invasion étrangère.

L'Assemblée de la West-Flandre avait eu la hardiesse de resaisir le pouvoir de la représentation provinciale ; elle eut aussi la sagesse de songer aux moyens propres à le conserver. Son union avec les Etats de Flandre, ou plutôt sa rentrée dans ces Etats, seuls légaux et constitutionnels, dont la conquête étrangère l'avait arrachée et dont ses propres princes l'avaient depuis exclue, étaient l'unique voie ouverte à la réalisation de ce désir de conservation. Aussi, dès le début, cette question fut agitée dans l'Assemblée nouvelle ; elle ne cessa de préoccuper ces représentants spontanés, pour ne pas dire révolutionnaires : et ce fut pour des motifs peu sérieux qu'ils commirent la faute de ne pas entrer dans le port de salut.

En temps de révolution, on suit plutôt les expédients, qu'on ne consulte la légalité et la raison; car on est révolutionnaire précisément parce qu'on est irrégulier. C'est pourquoi dès sa première réunion, l'Assemblée s'apercevant de son état illégal et isolé porta en son ordre du jour cette question : « Si la *généralité* de » la West-Flandre se joint et s'unit aux Etats de Flan- » dre, pour la défense commune de Flandre » (1). Dans la séance suivante, cette question fut résolue affirmativement, à l'unanimité des voix des 35 membres présents (2). A bien juger la position politique et les chances de l'avenir, il n'y avait, pour ceux de la West-Flandre, qu'une mesure utile à prendre, c'était de se faire admettre aux Etats de Flandre comme troisième membre; c'est-à-dire, de rentrer dans la représentation provinciale, en s'appuyant sur un droit constitutionnel ancien. Ils n'en firent rien, car aussitôt la Députation Permanente nomma trois députés (3), chargés de présenter aux Etats de Flandre une proposition de concours, mais non point *d'union*. Car leurs instructions portent : « Devront les seigneurs dé- » putés... faire comprendre aux seigneurs des Etats de

---

(1) T. I, A. G., 27 Novembre 1789 (H).
(2) Ibidem, A. G., 7 Décembre 1789 (H).
(3) Ces députés étaient *Cornélius* HEDDEBAULT, abbé de St Jean du Mont, *Jonker* DE LANGHE premier échevin de la ville d'Ypres et *Norbert* MARRANNES premier pensionnaire de la ville et châtellenie de Furnes. — T. I, D. P., 8 Décembre 1789 (H). Bientôt Norbert MARANNES fut remplacé par François VANDERMEERSCH, Conseiller-pensionnaire de la salle et châtellenie d'Ypres. — T. I, D. P. 24 Déc. 1789 (H).

» Flandre que Nous, *hic et nunc* et provisoirement, nous » ne comprenons pas, dans la litigieuse question d'union » pour la commune défense de la Flandre, nous sou- » mettre aux dits Etats de l'Oost-Flandre, aux fins de » nous cacher derrière eux ou d'en faire partie, sans » la dénomination de quelque membre de ces Etats; » cependant, que nous nous occuperons ultérieurement » et de plus près de cet objet, pour voir ce qui pour » les deux Administrations d'Oost et de West-Flandre » serait le plus convenable et le plus utile; ou bien » dans ce but de s'unir pour ne faire qu'une province » comme avant le Traité de Nimègue de l'an 1678, » ou bien de rester chacune province séparée, sous la » dénomination respective d'Oost et de West-Flandre » (1).

Vingt-fois, cette question de l'union avec les Etats de Flandre fut agitée dans l'Assemblée et par la Députation Permanente du West-Quartier, et jamais elle ne fût abordée avec la ferme volonté d'aboutir: tous leurs documents démontrent qu'ils cherchaient à gagner du temps et qu'ils regardaient trop aux difficultés financières et administratives, pour qu'ils aperçussent le côté sérieux de la question, l'avantage politique et représentatif. Et cependant, les avis salutaires ne leur avaient point manqué; deux lettres de M. *de Langhe*, député de la West-Flandre auprès des Etats de Flandre en font foi: « Le comte *Cornet de Grez* est arrivé ici hier » soir.... il avait porté avec lui un mémoire, dont il

(1) T. I., D. P. 8 Décembre 1789 (H).

» a donné lecture, traitant de l'organisation de la pro» vince de Flandre..... Après cette lecture, il a dit que » pour exécuter son plan, il fallait conclure l'union » avec la West-Flandre, ajoutant que sans cette union » il ne concevait pas la forme et l'existence de la West» Flandre... (24 Janvier 1790) (1). — Hier soir, » à la fin de la séance, le même membre a de nouveau » parlé, en pleine assemblée, de l'union avec la West» Flandre, et affirme que cette union était nécessaire..... » j'ai laissé entendre que, en tout cas, puisque pen» dant plus de cent ans une administration séparée a » existé, les choses ne sont plus dans leur entier; qu'une » union *ad omnes fines* ne peut-être actuellement adeptée, » que cette union ne pourrait se faire que pour les » questions qui n'intéressent pas les finances.... Cette » union partielle ne parut pas convenir à mon contra» dicteur ni aux autres membres des Etats, mais bien » une union complète..... Le même membre fit encore » remarquer qu'il importe à la West-Flandre d'adopter » l'union par ce motif, que, si le pays, contre toute » attente, devait retourner à ses anciens maîtres ou » à d'autres,.... le West-Quartier pourrait être dans le » cas d'être remis sur l'ancien pied, ce qui serait » beaucoup plus difficile, si l'union était faite. (26 Jan» vier 1790) (2).

Ces sages conseils ne furent pas compris, ou du moins pas suivis.

(1) T. I. D. P. 25 Janvier 1790 (II).
(2) *Ibidem*, D. P. 28 Janvier 1790 (II).

L'éloignement, qu'éprouvait l'Assemblée de la West-Flandre à s'unir aux Etats de Flandre, était si grand, qu'il persista aussi longtemps qu'elle fut en exercice. Dans une des dernières séances générales dont fassent mention nos procès-verbaux, nous trouvons une dernière preuve de la répugnance qu'éprouvaient les représentants du West-Quartier à rentrer dans l'antique représentation de la Flandre. Cette séance eut lieu le 17 Avril 1793, c'est-à-dire, après que l'Assemblée avait éprouvé toutes les vicissitudes de la première restauration de l'Autriche et de la courte domination de Dumouriez. Une députation de trois membres, *A. Meynne, J. Ghesquière, J. B. de Gheus,* avait été chargée de se rendre auprès du comte *Metternich Winnebourg,* ministre plénipotentiaire de S. M. l'Empereur et Roi. En retournant par Gand, les délégués s'étaient adressés à M. *Maroux Opbracle,* Procureur-Général de Flandre; ils rendent compte de leur entretien, en ces termes: « . . . . après quoi il » nous fit connaître que le Département ne peut durer » sans consistance...; de plus il semblait vouloir nous » faire entendre qu'il conviendrait que la West-Flandre » fit de nouveau partie de l'Oost-Flandre; mais lui » ayant démontré les inconvénients qui résulteraient » de cette union pour notre département, et que notre » West-Flandre aimerait mieux rester à elle-même, il » a déclaré qu'il devrait être dressé un mémoire à cet » égard . . » (1). Dès l'origine, jusqu'à la fin, l'As-

(1) T. III. A. G. 17 Avril 1793, N° IV (H).

semblée de la West-Flandre se montra jalouse de conserver son droit de souveraineté, et elle l'exerça complètement.

En effet, outre la disposition des revenus publics et la levée des troupes, l'Assemblée usurpait aussi le droit de grâce ou de commutation de peine — « . . . . fût » résolu de commuer la peine (pour vol) en une détention de trois ans, dans une maison de correc- » tion (1). » — « Fut résolu, sur requête de *Joseph* » *Bruneel,* que sa femme.... détenue pour fraude, pour » le temps de neuf ans, depuis 1784, serait relachée (2). » Quand elle conférait des emplois, elle accordait parfois la dispense d'âge et l'admission spéciale à la naturalisation (3). Ces États interviennent aussi dans l'exercice de la justice, en agissant par leurs *fiscaux,* dans tous les *cas royaux,* et aux frais du trésor (4). Ces officiers du ministère public, encore novices dans leur emploi, se firent autoriser à s'adjoindre, pour *renforcement de conseil,* tels avocats qu'ils croiront convenir (5).

---

(1). T. I. A. G. 24 Mars 1790 (H).

(2) Ibidem, A. G. 22 Avril 1790 (H).

(3) « .... gezien 't advis van het magistraet der Zaele ende Casselleryе « van *Ypre,* aen den suppliant zoo de verzogte dispensatie van jaeren, als « naturalisatie (... geboren onder het fransch gebied), immers tot bedie- « ning van deze Greffie alleenlyk, te accorderen en toestaen. » T. II. D. P. 6 Juillet 1790 (H).

(4). « Wierd geresolveert, by provisie ende op agreatie van onze Heeren « principaele, als Fiscaele aen-te-stellen d'heer *Dubois,* schepen der stad « Rousselaere, om voor alle cassen royael 't agieren ten koste van den staet « voor alle Hoofd-Collegien... binnen welkers ressort het crim zoude begaen « zyn. T. II. D. P. 24 Juillet 1790 (H).

(5). T. II, D. P. 27 Juillet 1790 (H).

Dès sa deuxième séance, l'assemblée décide que... « 4° En toute ville ou paroisse il sera mis des recru» teurs pour engager autant de troupes qu'il sera pos» sible. 5° Pour le payement de tous les besoins, tant » civils que militaires, on employera généralement tous » les deniers et revenus, lesquels anciennement étaient » payés à Sa Majesté et reçus par Elle, même ceux » pour l'entretien de la Cour. 6° Le *Comité patriotique* » ou les Magistrats des villes respectives sont autori» sés à ouvrir, avec la plus grande prudence et circon» spection, au bureau des postes, les lettres et les pa» quets qui seraient suspects. 7° L'ordonnance du Con» seil de Flandre, du 26 Novembre dernier, concernant » le serment de fidélité, sera publiée et exécutée par qui » de droit. 8° Les armes du souverain seront enlevées » des bureaux respectifs et remplacées provisoirement par » un écriteau, jusqu'à ce qu'il soit statué relativement » aux armes nouvelles » (1).

Bientôt, la Députation permanente met à exécution ces résolutions et étend même ces actes de souveraineté. Mais étrange spectacle ! ces révolutionnaires novices se montrent tour à tour hésitants et hardis, au moment où ils envahissent le pouvoir. Ils font écrire : « Je vous » fais la présente pour ordonner d'ôter, *avec tout le mé*» *nagement possible*, les dites armes de sa Majesté à » votre Bureau... » et dans la même séance, ils font prêter à ces mêmes receveurs le serment suivant: « Je... » promets et jure, par dessus le serment que j'ai déjà

(1) T. I. A. G. 7 Décembre 1789 (H).

» prêté en ma dite qualité, pour autant qu'il n'est pas » contraire à celui-ci *d'être fidèle à l'Etat et à la Na-» tion de la West-Flandre,* comme à l'ancien Souverain » dudit pays » (1). La Députation se réserve à elle seule le pouvoir de disposer des moyens et droits quelconques, perçus par le ci-devant Souverain (2).

Quand on lève et entretient des troupes, quand on met la main sur le revenu public, il faut bien avoir une administration de la guerre et des finances : la députation permanente obéit à cette nécessité : le 17 Décembre 1789, elle nomme une jointe au Comité des Finances, une jointe au Comité de la guerre, composées chacune de six membres, trois députés de l'assemblée et trois délégués du *Comité patriotique* d'Ypres (3). Celui-ci, qui s'était déjà fait admettre, par Députés, dans l'Assemblée, avec voix délibérative (4), prenait aussi sa place au pouvoir exécutif et cela avec un droit égal à celui du pouvoir représentatif lui-même : ce serait avec raison qu'on appellerait cette période, l'époque révolutionnaire.

Les Membres de ce Comité de la guerre, hommes d'âge et de condition civile, eurent la fantaisie de porter un

---

(1). T. I. D. P. 9 Décembre 1789 (H).
« Nous vous faisons la présente pour vous défendre, ainsi qu'à vos su-« balternes, d'employer à l'avenir, en façon quelconque, les armes du ci-« devant Comte de Flandre... Ibidem D. P. 25 Janvier 1790 (H).

(2). Ibidem, D. P. 9 Décembre 1789 (H).

(3). Ibidem, D. P. 17 Décembre 1789 (H).

(4). Ibidem D. P. 13 Décembre 1789 (H).

uniforme; elle fut satisfaite (1): et l'Assemblée non contente de cette organisation militaire locale, eut encore un Commissaire salarié auprès du Département général de la Guerre, à Bruxelles (2).

L'Assemblée avait résolu de se donner un sceau, pour authentiquer ses actes. Comme si elle avait craint de rompre ostensiblement avec l'Oost-Flandre, voici ce qu'elle décida: « Résolu pour le sceau général, servant » pour le congrès de la Néerlande réunie, de laisser met» tre dans l'écu (Schild) pour la West-Flandre les mêmes » armoiries que celles d'Oost-Flandre, avec cette dis» tinction W. F. » (3).

En temps de révolution, les pouvoirs usurpés sont entrainés à s'armer non seulement contre les ennemis et les dangers réels, mais encore contre les ennemis et les dangers imaginaires. Notre Assemblée glissa sur cette pente fatale; elle eut ses *Cabinets noirs*. Dès sa première réunion, et à l'unanimité des voix, elle résolut, comme nous venons de l'indiquer: « 6° Le Comité » patriotique où les Magistrats des villes respectives sont » autorisés, aux fins de, avec la plus grande prudence » et circonspection, faire ouvrir aux Bureaux des Postes » les lettres ou paquets qui seraient *suspects*, à condi» tion que les Commissaires, y commis sous serment,

(1) « Ten verzoeke van d'Heeren van het Comité van oorloge, geresol« veert hun liber te laten van uniforme te draegen, ofte andere teeken van « distinctie. » T. I, A. G. 23 Juin 1790 (H).

(2). T. I. A. G. 2 Mars 1790 (H).

(3). T. I. A. G. 5 Février 1790 (H). Voir aux annexes le dessin de ce sceau.

» ne pourront être ni marchands ni négociants, et que » chaque fois, en cas de *suspicion*, il en soit dressé pro» cès-verbal pertinent » (1).

Les Directeurs des Postes, en prêtant serment, s'engageaient à permettre l'ouverture des lettres et paquets par ces Commissaires, en les avertissant de l'arrivée des courriers, pour qu'ils soient présents à l'ouverture des malles (2). Il fallait souvent renouveler ces commissaires, qui se fatiguaient de ce triste rôle d'espionnage (3).

Nous trouvons un exemple de suites données à cette inquisition : « Nous joignons ici une feuille intitulée » *Histoire secrète et anecdotique de l'insurrection Bel*» *gique*, qu'on a trouvé à la Poste aux lettres d'*Ypres* » dans un paquet des gazettes de Cologne, vous priant » de la remettre au Congrès pour son information » (4).

A cette époque, les clercs n'étaient justiciables que des cours ecclésiastiques; l'Assemblée obéissant à l'instinct de sa conservation, ne respecte pas ce privilège. En effet, nous trouvons une décision de la Députation permanente, ainsi conçue : « Fut résolu d'autoriser Mes» sieurs du Magistrat de la Salle et Châtellenie d'Ypres » à, par suite de leur office, prendre connaissance de » l'affaire de *J. B. Platevoet* curé de *Socx*, provisoire» ment arrêté à *Messines*, comme suspect de conspiration » contre le bien-être de ces Provinces Néerlandaises » (5).

(1) T. I. A. G. 7 Décembre 1789 (H).
(2) Ibidem, A. G. 12 Décembre 1789 (H).
(3) Passim (H).
(4) T. II. D. P. 16 Août 1790 (Lettre écrite aux Députés de Bruxelles) (H).
(5) T. II, D. P, 5 Juillet 1790 (H).

Quand on songe avec quelle persistance le clergé avait maintenu chez nous, comme ailleurs, l'incompétence de la justice laïque à l'égard de ses membres, on ne peut s'empêcher d'admirer la ferme résolution de l'Assemblée. Cet acte d'autorité était une rupture avec toutes les traditions anciennes, une annonce de l'avenue prochaine de cet axiome moderne: « tous les citoyens » sont égaux devant la loi ». Les grands principes de 1789 avaient déjà pénétré dans les esprits avant d'avoir pris place dans nos lois; la semence du progrès, elle aussi, doit avoir son temps pour lever et mûrir. Les réformes, même les plus nécessaires, mettent souvent beaucoup de temps à s'opérer; la preuve de leur nécessité consiste dans la force de résistance que, une fois introduites, elles opposent à toutes les réactions hostiles et à tous les regrets amers des intérêts blessés.

Pour se maintenir après de tels actes d'autorité usurpée, il fallait trouver sinon des complices, du moins des auxiliaires; c'est ce que tenta l'Assemblée, en se faisant représenter aux Etats de Flandre, aux Etats-Généraux et au Congrès de Bruxelles. Ces Députés étaient des Membres de l'Assemblée elle-même; ils recevaient sur les moyens généraux du West-quartier, une indemnité de dix florins par jour, outre le remboursement des frais de voiture sur place et pour la route (1); à

(1) « Op het derde point, geresolveert aen de dry Heeren Gedeputeerde « over West-Vlaenderen by de vereenigde Nederlandsche Staeten tot « *Brussel*, zoo over het gepasseerde als voor 't toekomende, te betalen, bo- « ven de dagen van de Diligentie ende Rapport tot thien guldens over ide- « ren naturelyken dag verblyf, boven de voituren zoo *in loco* als tot de voya- » gen; zoo ook in 't gezag van d'Heeren die gedeputeerd hebben geweest by « de Staten van Oost-Vlaenderen tot *Gend*, » T. I A. G. 12 Février 1790 (H).

ceux résidant à Bruxelles, il fut accordé un *messager* à un florin par jour (1). Il ne leur incombait pas une grande responsabilité, puisqu'ils ne pouvaient agir qu'*ad referendum,* ou d'après des instructions, souvent écrites et toujours très-minutieuses; mais ils étaient surchargés de besogne. Souvent après une longue séance ou une double séance le même jour, ils avaient à écrire à leurs *principaux* (l'Assemblée), tout à la fois, relativement aux résultats des discussions et des votes auxquels ils avaient pris part, et sur la marche des évènements et des affaires générales. Nos procès-verbaux sont pleins de ces relations très-étendues et très-variées, et ainsi l'Assemblée de la West-Flandre recevait chaque jour, non seulement les pièces officielles de diverses assemblées, mais encore les *nouvelles à la main,* le journal des faits divers (2). Le mandat de ces députés était temporaire; ceux qui en étaient investis ne pouvaient quitter leur poste qu'avec le consentement de l'Assemblée ou de la Députation (3), souvent très-peu disposées à accorder ces congés.

Ces députés de la *Vergaderinge* avaient voix délibérative aux assemblées du Congrès et des Etats-Généraux

(1) T. II. D. P. 9 Juillet 1790 (H).

(2) « Note *touchant quelques actes et résolutions des Etats Généraux,* « *tenue par les Députés de la West-Flandre*, le 19 *Février* 1790, *au soir.*» T. I. A. G. 31 Mars 1790 (H), et passim (notes très-étendues) » Résultat des nouvelles T. II, D . P. 6 Novembre 1790 (H). « Journal *servant de rapport, pour la Députation extraordinaire en congrès.* » T. II. D. P. 27 Octobre 1790 (H). « Journal tenu par les Députés de la West-Flandre, aux Etats-Généraux à Bruxelles, au mois de Janvier 1790. T. I. A. G. 1r Février 1790 (H).

(3) « . . . dat wy gerosolveert hebben den geseyden d'heer Marrannes, » volgens zyn verzoek, te laeten afkommen. . . » T. I. D. P. 18 Décembre 1789 (H).

auxquelles ils assistaient ; ils y étaient admis sur le même pied que les autres membres, puisque plusieurs d'entre eux eurent, à leur tour, l'honneur de la présidence (1); les Etats de la West-Flandre recevaient ainsi, de la seule autorité de fait qui existât alors, la consécration légale de leur usurpation. Ce n'était pas trop pour eux que ce renfort moral, car des difficultés de toute nature vinrent les assaillir bientôt.

A peine installée, l'Assemblée eut à se préoccuper, soit par elle-même, soit par sa Députation, de toutes les nécessités de l'administration civile, de toutes les prétentions du clergé, dont l'intention était plutôt de retourner vers les abus du passé, que de marcher vers les progrès de l'avenir. Cette difficulté de position explique comment ces Etats parvinrent à se rendre recommandables, bien plus par leur honnête gestion des intérêts financiers de leurs commettants, que par leur hardiesse à résoudre les questions d'ordre social que réclamaient les évènements et les besoins de l'époque.

L'édit de 1784, relatif aux mariages, était un des actes de l'ancien Gouvernement qui répugnait le plus au clergé ; aussi, son abrogation fut-elle bientôt réclamée. La Députation maintint provisoirement et pour des cas urgents, ces dispositions, et s'enquit de ce que faisaient à cet égard les Etats de Flandre, autorité sur laquelle elle s'appuyait volontiers (2). Ces Etats, statuant sur

(1) T. I, A. G. 1r Mars 1790 (II), et passim aux Etats-Généraux, *Vanderstichelen*. — *Vandermeersch*, nommé Président du Congrès, pour le mois d'Août 1790. T. II. D. P. 2 Août 1790 (H).

(2) T. I, D. P. 10 Décembre 1789 (H).

une requête des curés, avaient déclaré qu'à l'avenir cet édit ne serait plus appliqué (1). De son côté, le Conseil de Flandre avait, dans sa séance du 29 Décembre 1789, ordonné qu'on publierait, dans toute la Flandre, l'abrogation de tous les décrets et ordonnances relatifs aux mariages et dispenses (2). De tels exemples devaient entrainer la résolution de la West-Flandre: en effet, dès le 8 Janvier suivant (3), la Députation décida de laisser publier et exécuter, par qui il appartiendrait, l'ordonnance du Conseil de Flandre, relative aux mariages; abandonnant ainsi à d'autres la responsabilité d'un acte qu'elle-même n'approuvait peut-être pas.

Victorieux sur ce point, le clergé se vit encouragé à aborder une autre question qui touchait à ses vœux les plus chers, celle du rétablissement des couvents supprimés. Lorsque Joseph II avait fermé un grand nombre de maisons religieuses, les personnes renvoyées de ces établissements avaient été pourvues d'une rente viagère, payable par les receveurs des biens de main-morte confisqués. L'Assemblée mit un soin scrupuleux à acquitter cette catégorie de dette, souvent même elle ajoutait des secours supplémentaires, en faveur d'anciennes religieuses, vieilles ou infirmes (4). Les Etats de Flandre

(1) T. I, D. P. 20 Décembre 1789 (H).
(2) Ibidem, D. P. 30 Décembre 1789 (H). Lettre des députés d'Ypres aux Etats de Flandre: « Heden is in den Raede van Vlaenderen geconcipieert » ende gepasseert... de declaratie alomme in Vlaenderen te publiceren van » d'onderblyvinge voor het toekomende van het Placcaet van den 28 Sep- » tembre 1784, ende alle andere Placcaeten, Decreten ende Ordonnantien » daertoe relatif, concernerende de Houwelyken ende Dispensien, uytge- » geven by den gewesen Souverain ».
(3) Ibidem, D. P. 8 Janvier 1790 (H).
(4) Fréquentes résolutions *passim* (H).

avaient accordé le rétablissement du couvent des *Carmélites* à Courtrai (1); dix jours après, la députation de la West-Flandre fut saisie d'une demande des *Carmélites* d'Ypres, aux mêmes fins: cette question fut tenue en surséance, jusqu'à ce qu'il fut pris à cet égard une résolution uniforme pour tout le pays (2). Cet ajournement ne découragea pas les tentatives pour reconstituer les couvents; quelques semaines après, « les *Riches* » et *Pauvres Claires* demandent à recouvrer leur po- » sition ancienne. » C'était, de la part de ces ordres, une démarche intempestive peut-être, mais régulière du moins, si on la compare au rétablissement *de fait*, opéré ailleurs par quelques corporations religieuses (3). Cette fois, c'est l'Assemblée générale qui prononce et qui confirme la résolution d'ajournement, prise par la Députation : « Fut résolu de déclarer (aux *Riches* et » *Pauvres Claires*) que leur demande sera portée à la » connaissance des Etats-Généraux, afin que pour toutes » les provinces il soit suivi un pied uniforme » (4). Assaillie par une foule de pareilles demandes, l'Assemblée nomme, dans son sein, une jointe de six membres, trois ecclésiastiques et trois membres civils, pour exa-

(1) Lettre des Députés à Gand: T. I. D. P. 15 Janvier 1790 (H).

(2) « Wierd geresolveert daer op te disponeren expectent als voor geheel « het Nederland eenen uniformen voet moetende achtervolgt worden, waer « omtrent soo baest mogelyk zal werden gedisponeert. » T. I. D. P. 25 « Janvier 1790 (H).

(3) « Gisteren ofte heden, zoo men verneemt, hebben eenige religieusen « *Annonciaten* ende *Capucinessen* hun faitelyk in possessie gestelt van « hunne respective kloosters. » *Lettre des Députés à Gand*, T. I. D. P. 25 Janvier 1790 (H).

(4) T. I. A. G. 2 Mars 1790 (H).

» miner la matière, en conférer avec les Etats Géné- » raux et en faire rapport, afin que par l'Assemblée il » soit statué, comme il paraîtra convenir » (1). Enfin, après avoir entendu l'évêque d'Ypres et le rapport de sa commission, l'Assemblée cède, et les *Carmélites*, les *Cupucines* et les religieuses dites *ten Bunderen* sont admises, sous certaines conditions, à rentrer dans leurs couvents (2). Comment l'Assemblée irrégulière eut-elle pu résister, quand les Etats constitutionnels et réguliers avaient cédé sur ce point?

La Députation fut aussi entrainée, par la pression du clergé, à donner un timide appui à un acte qui, au milieu des évènements si extraordinaires de cette époque, a laissé peu de traces. Nous voulons parler du séquestre et de la main-mise, obtenus par le clergé des provinces Belgiques, et à son profit, sur les biens que le clergé français possédait sur notre territoire. Cette pièce nous parait assez curieuse, pour que nous la reproduisons ici dans son entier:

« Sur la lettre des Etats-Généraux et du Congrès » souverain du 10 de ce mois (Juin 1790), y joint » la requête du Comité de Messieurs du clergé des » Etats Néerlandais réunis, avec leur décision annexée, » en outre l'extrait du procès-verbal de l'Assemblée » nationale de France du 10 Août 1789, par lequel » les dits Etats-Généraux et Congrès nous rappelent

(1) T. A. G. 22 Juin 1790 (H).
(2) Ibidem II. A G. 22 Novembre 1790 (H).

» que la dite Assemblée nationale de France a, dans » toute l'étendue du territoire, anéanti la Dîme et » déclaré que tous les biens ecclésiastiques appartiennent » à la nation; qu'elle a donné aux municipalités le » pouvoir d'administrer ces biens à l'exclusion des cor- » porations ecclésiastiques, bénéficiaires et autres de » main-morte, auxquelles ces biens ont appartenu; que » les ecclésiastiques étrangers, possédant des biens dans » le même royaume, ont été compris dans cette dis- » position; que le clergé de cette Néerlande se trouve » un des plus lésés par ce changement; que cette » classe de notre bourgeoisie, qui se distingue tant par » prêts d'argent que par *Dons patriotiques* pour les » affaires générales de ces provinces, se trouverait exposée » à d'énormes pertes, si la France se refusait à lui » accorder quelqu'indemnité proportionnelle et juste, ou » si cette classe ne pouvait obtenir cette indemnité par » forme de représailles sur les biens ecclésiastiques » français, situées dans les provinces Néerlandaises; » que le même clergé s'est adressé depuis longtemps » à la dite Assemblée Nationale, pour lui faire enten- » dre combien il est loin d'être juste de comprendre » leur bien dans la proscription générale, tandis que » cette propriété et son libre usage lui ont été garantis » par plusieurs traités existants entre les deux nations; » que bien qu'ils ne paraisse pas que ces raisons aient » été rejetées, cependant les démarches du clergé n'ont » pas été assez puissantes pour arrêter le plan de l'As- » semblée Nationale de n'accorder aucune exception;

» que, dans ces circonstances, le clergé, voyant qu'il » ne lui restait pas d'autres voies que celles des repré» sailles, a présenté aux Etats-Généraux et au Congrès » les susdites requête et pièces annexées, aux fins d'être » autorisé à saisir, par forme de représailles, les biens » ecclésiastiques français situées dans ces provinces, » pour garantie provisoire de ses biens saisis en France, » en attendant que cette République s'entende sur ce » point avec le gouvernement français; que cette pré» tention de Messieurs du clergé, conforme aux règles » de la justice et aux usages universellement adoptés » en pareille matière, est en outre d'un intérêt pressant » pour le bien de la République, que, par ce motif, » les Etats-Généraux et le Congrès n'ont pas hésité à » se conformer à ce vœu, et en conséquence ont déclaré » en marge de la dite requête d'autoriser les suppliants » à l'effet de saisir, par forme de séquestre opéré par » voie de justice, tous les biens ecclésiastiques situés » dans les provinces réunies de la Néerlande, et appar» tenant à des corporations ecclésiastiques, bénéficiaires, » fabriques et autres de main-morte de la domination » française, comme aussi leurs fruits et revenus, avec » consentement aux suppliants d'administrer les dits » biens, d'en recevoir les revenus pour leur comité, » établi à cet effet, le tout par provision et avec charge » de rendre compte à qui il appartiendra, avec défense » néanmoins d'en faire quelqu'emploi, partage ou division » à d'autre destination, avec déclaration que l'envoyé du » Congrès en France sera chargé d'informer de cette

» disposition le Gouvernement Français et l'Assemblée » Nationale et d'insister sur l'indemnité à accorder aux » suppléants, pour faire cesser le présent séquestre et » obtenir des dispositions ultérieures, avec déclaration » que les Etats des provinces respectives Néerlandaises » seront invités, pour autant que de besoin, à donner » leur consentement aux présentes mesures et à coopérer » à leur exécution: nous priant en conséquence, de » vouloir approuver ce qui a été fait; fut résolu d'agréer » et d'approuver cette disposition, comme juste et équi- » vable, ensemble d'en informer sans retard les Etats- » Généraux et le Congrès, en leur faisant observer, » en même temps, que cette affaire réclame toute pru- » dence, pour ne pas entrainer de résultats fâcheux » pour les intérêts généraux des provinces Néerlandai- » ses » (1).

Funeste exemple: le clergé de nos provinces, encore en possession de beaucoup de privilèges et de toutes ses richesses, ajoute à la ruine du clergé français la saisie et le séquestre des biens que ce dernier possédait en Belgique, maigre épave d'un vaste naufrage. Notre clergé au lieu de venir en aide à ce clergé voisin, avec ses ressources restées considérables, cède à sa soif de posséder jusqu'à dépouiller ses confrères en sacerdoce Aveugle encouragement donné à la confiscation qu'il va bientôt lui-même avoir à subir; triste oubli de la solidarité qui devrait exister entre les Ministres d'un même culte.

(1) « Op den brief, etc..., T. II, D. P. 14 Juin 1790 (H).

Et quand les Etats Généraux et le Congrès souverain acceptent et patronnent de telles prétentions, ou, pour mieux dire, un acte qui eut dû paraitre à leurs yeux comme une spoliation fratricide et une cupidité sacrilège, est-il étonnant que les états d'une petite province, à peine réveillés à la vie politique, ayent approuvée cette disposition, « comme juste et équitable ». Mais du moins en émettant ce vote timide, pour ne pas dire servile, la modeste Assemblée avertit les grands corps dont elle n'est qu'un satellite, « que cette affaire réclame toute » prudence, pour ne pas entrainer des résultats fâcheux » pour les intérêts généraux des provinces Néerlandaises » tandis que le document dont elle était saisie affirmait que « ce séquestre était d'un intérêt pressant » pour le bien de la République ». Une telle disposition législative suffit à elle-seule pour faire apprécier la portée de la révolution brabançonne et la position de notre Assemblée elle-même; — Tout par le clergé, tout pour le clergé !

Nous avons encore une autre preuve de la condescendance de l'Assemblée, à l'égard des prétentions du clergé. Dans la réunion générale du 1 Février 1790, » Monsieur le chanoine *Vandermeersch* ayant demandé » et obtenu audience, fit connaître de la part de l'évèque » d'Ypres que sa Grandeur avait ordonné aux Curés » d'engager les fidèles de s'abstenir, pendant les jours » de carnaval, de bals et d'autres réunions de ce genre, » nous priant d'intervenir de notre côté... sur quoi fut » résolu d'inviter par lettres, tous les Magistrats et Ad-

« ministrations du Département d'Intérieur dans leurs « districts, à cause des circonstances, les mascarades, « bals, etc. pendant le carnaval de cette année. »

Ces actes d'humble condescendance aux prétentions du clergé avaient été précédés et furent suivis par d'autres actes de complaisance de notre Assemblée ; les uns d'une mince importance, les autres d'une portée considérable. Parmi les premiers, on peut compter le rétablissement dans tous leurs biens, fonds et effets, de toutes les *confréries* (1) dont Joseph II, dans sa soif de réforme, s'était assez inutilement occupé, pour les réunir en une seule association, ayant pour titre : « *La charité active envers le prochain,* « et pour patron, » *le Sauveur Jesus-Christ* (2). Parmi les seconds, apparaît la destruction de l'enseignement laïc. On sait avec quelle hardiesse et quel succès la grande Marie-Thérèse était parvenue à établir cet enseignement sur de larges bases et au grand profit de l'instruction publique (3). Le clergé n'avait jamais supporté qu'avec impatience cette grande réforme, aussi ne manqua-t-il pas de profiter de son influence prépondérante dans le pays tout entier, et en particulier dans la West-Flandre, pour rentrer dans ce qu'il croyait alors, et qu'il croit encore aujourd'hui, être une mission pour laquelle lui seul aurait toutes les aptitudes, pour ne pas dire tous les droits. Le préfêt et quelques pro-

(1) « Geresolveert dat het zoude convenieren by de Magistraten, elk in « zyn ressort, te doen restitueren deGoederen, Penningen ende Effecten der « gesupprimeerde Confrerien » T. I. D. P. 10 Décembre 1700 (H).

(2) Edit du 8 Avril 1786 *Plac. van Vland.* VI Bock III Deel, f° 1011.

(3) Raingo, *Mémoires couronnés par l'Académie de Bruxelles*, VI *passim*.

fesseurs du collége des humanités d'Ypres, ayant demandé le subside ordinaire pour la distribution des prix et le payement de deux mois de leur pension, la Députation les leur accorda, décidant en même temps et assez sommairement, que, à l'avenir, « tout ser- » vice de la part du Préfet et des trois professeurs » viendra à cesser et à être supprimé » (1). Cette suppression n'était faite qu'après qu'on avait déjà remis cet enseignement laïc aux mains d'une corporation religieuse (2) ; c'est ce qui résulte d'une résolution prise huit jours après par la Députation et qui prouve que c'est sur sa proposition — *op de voorstellingen van onzen t' wege.* — que les *Pères Augustins* d'Ypres acceptent l'enseignement dans le collége de la ville. Nous donnons ici cette pièce en entier pour prouver que la Députation, tout en faisant cette concession au clergé, n'abandonnait pas entièrement la surveillance et le contrôle du pouvoir laïc, droits si fortement encore contestés aujourd'hui. Voici le document:

« Vu la reconnaissance et la déclaration écrites, par » lesquelles le Révérend Père Prieur et le Chapitre du

(2) « Op de requeste van den Heer *Bonma*, Prefect provisionneel van het « Collegio der Humaniora binnen dese stad....: wierd geresolveert te ver- « leenen ordonnantie van betalinge op onzen ontvanger-generael eerst van « de somme van 't negentig guldens .... voor de gewoonelyke contri- « butie in de Prysdeelinge.... mitsgaders aen den vertoondre ende de drie « andere professors veertig guldens courant ider, over 't gonne hun nog « zoude mogen toekomen over raete pensioen.... *met voorder verklaers dat* « *mits dien in 't toekomende allen dienst voor den Heer Prefect en de dry* « *andere Professors zal cesseren ende onderblyven.* » T. II. D. P. 16 Août 1790 (H).

(2) « De selve acte soumissie (van de Paters *Augustinen*,) in daten thien- « den deser maend Ougst 1790. » T. II. D. P. 24 Août 1790 (H).

» couvent des Pères *Augustins* de cette ville d'*Ypres*
» soumettent, aux propositions qui leur ont été faites
» de notre part, d'accepter l'enseignement des études
» moyennes (kleine studien) dans la susdite ville, dans
» le collége où elles sont actuellement données, et que
» pour ce ils nommeront et fourniront, *à l'agréation*
» *des Etats,* quatre sujets capables de leur ordre, parmi
» lesquels un d'eux ou un autre Père capable de leur
» couvent, *à notre désignation,* remplira les fonctions
» de Préfêt, à condition qu'en ce qui concerne la ma-
» tière et la manière d'enseigner on suivra tout ce qui
» d'ancien temps a été pratiqué par leur ordre, en y
» ajoutant soit les premiers principes de la langue
» grecque, de l'arithmétique et de l'histoire, *à notre*
» *discrétion ;* ceci moyennant une pension annuelle de
» douze cents florins courants, payables par les Etats
» au susdit couvent, par dessus sept sols par mois à
» recevoir, sous titre de *Minervalia,* par les maîtres et
» Préfet indistinctement, de chaque étudiant, faisant
» douze escalins en espèces par an, sans égard à l'école
» qu'ils fréquentent, à partager, après retenue d'un
» dixième au profit du Préfêt, par les quatre maîtres
» en portions égales: le même acte soumission en date
» du 10 de ce mois (Août 1790) était signé: *C. De*
» *Langhe,* Prieur; *J. Vandermeerch,* Sous-Prieur délégué;
» *Joes Cardinael,* Député; *F. V. L. G. Baelde,* Député;
» etc.... Fut résolu que tout en approuvant le même
» acte de soumission, on accepte le couvent susdit

« pour l'enseignement des études moyennes en cette « ville, à commencer du mois Octobre prochain » (1).

Prompte à céder à la pression du clergé, dans les solutions de questions de l'ordre moral ou social, l'Assemblée montrait plus de raideur envers l'ordre ecclésiastique, quand celui-ci tentait d'empiéter sur les revenus de la généralité. C'est ce que prouve le document suivant, relatif à une contestation sur un droit de propriété :

« Sur la communication de ceux du Comité des Fi-« nances, d'où il résulte qu'ils ont reçu de Messieurs « les Chanoines du membre de *St Martin* dans l'église « cathédrale de cette ville *d'Ypres*, des lettres qui « exposent qu'eux chanoines nous avaient fait des re-« présentations à l'effet d'être mis en possession de « leurs propriétés en terres situées dans les fortifications « de la dite ville, dont, suivant eux, ils n'ont reçu « ni indemnité, ni récompense du souverain ancien ni « de personne, pas plus qu'une disposition favorable « sur leurs mémoires et requête présentés ; pourquoi, « ils avaient trouvé bon de procéder à la location des « dits herbages, qui leur appartiennent suivant quittances « et titres anciens conformes aux cartes ordonnées et « faites par le Roi de France, avec désignation de toutes « les parties louées par eux sur ce pied ; déclarant « qu'ils en font part au Comité des Finances, pour « éviter la confusion qui pourrait résulter de la location « d'autres parties de terres appartenant à cette province.

(1) T. II, D. P. 24 Août 1790 (II).

« Le Comité susdit nous fait connaître, en outre, que « cette voie de fait pourrait avoir de très-mauvaises « suites, parceque d'autres pourraient la suivre et s'ap- « proprier, irrégulièrement et de fait, quelqu'autres parties « des terrains de fortification, à nous appartenant, comme « il arrive déjà. Le Comité nous priant enfin de lui « prescrire une règle de conduite pour le cas présent: « fut résolu d'autoriser le Comité des Finances de faire « opérer, par qui de droit, opposition aux acheteurs « des prés à foin en question et de tous ceux de même « nature, d'effectuer aucun payement à personne autre « qu'à notre Receveur-général » (1).

Nous allons citer un autre incident, d'abord, pour faire voir, une fois de plus, quelle était la conduite de l'Assemblée à l'égard du clergé; ensuite, pour rappeler la confusion des pouvoirs, qui existait à cette époque, confusion, que les progrès des temps modernes tendent, chaque jour, à faire disparaître.

Le Prieur de l'Abbaye de *Zonnebeke* informe l'Assemblée de la mort de l'Abbé, il ajoute: « Je supplie « vos hautes Puissances de nous laisser parvenir leurs « intentions le plustôt possible, afin que nous puissions « procéder selon l'usage à l'élection d'un de nos confrères « de la maison, pour succéder à la place du défunct « Abbé . . . . . »

L'Assemblée décide: « Ce point considéré, fut résolu « de charger Messieurs de l'Abbaye de *Zonnebeke* de

(1) T. II, D. P. 6 Juillet 1790 (H).

» former un état de biens, de nous en informer et en » même temps, de nous envoyer des extraits des retroacts, » relatifs à la dernière nomination et choix de Mon- » seigneur leur Prélat » (1).

Le Prieur et les religieux ayant satisfait à cet ordre, demandent que l'Assemblée désigne des commissaires, « pour procéder au choix d'un nouvel Abbé de leur » Maison et pour examiner et arrêter l'état des biens. » Sa Grandeur l'Evêque d'Ypres (Comte d'Arberg) (2) MM. *De Langhe,* président du jour et l'actuaire *Hynderick,* sont désignés à cet effet (3).

La Députation Permanente avertit, par lettre, les principaux, que les délégués ont présidé au choix, fait par le Prieur et les religieux, de trois membres de la communauté, pour parmi eux être choisi, *par les Etats*, un Abbé pour la dite Abbaye. Elle les invite à faire connaître si ce choix sera fait par l'Assemblée générale, ou par la Députation Permanente (4). La majorité des avis ayant été pour ce dernier mode, les principaux en furent avertis (5), et la Députation choisit parmi les trois candidats, comme Abbé de Zonnebeke, Monsieur ALIPIUS VAN LERBERGHE ; décidant en outre, qu'en rédemption du *pain d'Abbaye*, dû à chaque changement de l'Abbé, la communauté aurait à payer *dix*

(1) T. II, A. G. 21 Juin 1790 (H).
(2) Charles Alexandre comte d'Arberg et de Valengin, né à Nivelles 21 Août 1734, fut nommé par Joseph II au siége épiscopal d'Ypres, dont il prit possession le 9 Avril 1786. — Mort en 1809 à l'âge de 75 ans.
(3) T. II, A. G. 23 Juillet 1790 (H).
(4) Ibidem, D. P. 27 Juillet 1790 (H).
(5) Ibidem, D. P. 10 Août 1790 (H).

mille florins courants, pour, par les Etats, en être disposé comme il paraîtrait convenir (1). Le nouvel abbé ayant réclamé l'exemption totale ou partielle de cette imposition, « fut résolu de persister dans la résolution prise, » avec charge, pour l'impétrant, de satisfaire, dans les » huit jours, aux conditions prescrites (2). » Le lendemain on produit les lettres de soumission de l'Abbé, (*Acte soumissie*), « en suite de quoi, fut résolu de laisser » dépêcher patente de la dite nomination » (3). Quelques jours après, il fut résolu que : « Cette somme de dix mille » florins serait employée, sous forme d'emprunt, aux be- » soins de l'Etat relatifs aux circonstances, pour ensuite » en des temps plus tranquilles, être consacrée *ad pias* » *usus*, à la décision de l'Assemblée *ad omnes* » (4).

En prenant, vis-à-vis d'une riche et puissante abbaye, cette attitude ferme, raide pourrait-on dire, ces députés novices obéissaient certainement à leurs instincts de fidélité à d'anciens droits civils; mais ils cédaient plus encore à des nécessités financières, chaque jour plus urgentes. On se ferait difficilement une idée de l'importance des sommes dont disposa l'Assemblée et sa Députation, soit pour les besoins généraux du pays, alors en plein état de guerre, soit pour satisfaire aux frais de l'Administration de la West-Flandre, alors tout entière

(1) T. II, D. P. 10 Août 1790 (H).
(2) Ibidem, D. P. 16 Août 1790 (H).
(3) Ibidem, D. P. 17 Août 1790 (H).
(4) Ibidem, A. G. 30 Août 1790 (H). « Le Révérend Abbé de l'Abbaye de » Zonnebeke... « payé au comptable la somme de dix mille florins à laquelle » il a dit avoir été taxé par les Etats de cette dite province, à l'occasion de » sa promotion à la dignité d'Abbé de la dite Maison. » — Compte de 1790, Ch. 33, Art. 4, T. III (G).

entre les mains de la *Vergaderinge du West-Quartier*. Il n'est pas un procès-verbal de ce vaste recueil, qui ne rende compte des mesures prises par ces administrateurs omnipotents, tant pour faire produire les impôts publics, que pour en appliquer utilement les revenus.

V.

Une résolution de l'Assemblée permet de se faire une idée des ressources financières de chaque membre, ou ressort du West-Quartier. « Résolu que la levée de six « cent mille florins de change, à faire et à fournir à « l'Etat par les divers magistrats ou administrations, « pour acquitter leur quote dans l'emprunt que les « Etats-Généraux des provinces Néerlandaises réunies « ont trouvé convenable de contracter, et compris dans « nos *Agenden* et nos résolutions antérieures, sera re- « partie et que les dites administrations sont autorisées « à lever les sommes respectives ci-après fixées, à savoir :

« Pour la ville d'Ypres . . .	fl.	24,527 - » - »
« Châtellenie d'Ypres	»	167,715 - » - »
« Ville et châtellenie de Furnes.	»	182,936 - » - »
« Huit Paroisses.	»	63,416 - » - »
« Ville et châtellenie de Warnêton	»	42,962 - » - »
« Ville et juridiction de Poperinghe	»	32,162 - » - »
« Ville et territoire de Wervick .	»	8,386 - » - »
« Ville et verge de Menin . .	»	73,616 - » - »
« Ville de Loo	»	1,887 - » - »
« Ville de Dixmude	»	2,393 - » - »
« Total	fl.	600,000 - » - » (1)

(1) T. II, D. P. 6 Août 1790 (II).

A la fin de la durée de l'Assemblée, une levée de fonds du montant de fl. 30,446 - » - » ayant été ordonnée, dans la West-Flandre, la répartition suivante fut établie :

« Ville d'Ypres	fl.	200 - » - »
« Salle et châtellenie d'Ypres avec « Roulers	»	9,060 - » - »
« Ville et châtellenie de Furnes .	»	9,360 - » - »
« Ville et châtellenie de Warnêton.	»	2,310 - » - »
« Ville et juridiction de Poperinghe	»	1,740 - » - »
« Ville et territoire de Wervick .	»	450 - » - »
« Huit paroisses	»	3,420 - » - »
« Ville et verge de Menin . .	»	3,660 - » - »
« Dixmude.	»	120 - » - »
« Loo	»	126 - » - »
	« fl.	30,446 - » - » (1)

Nous ne trouvons nulle part l'indication de la population totale du West-Quartier, à cette époque ; mais un document nous permet de l'apprécier approximativement : c'est la répartition d'une levée de 20,000 hommes, ordonnée par le Congrès souverain, en sa séance du 28 Octobre 1790.

« 2° Répartition des recrues à former par chaque » province, de la manière suivante :

« Flandre	8,000
« Brabant	6,000
A reporter	14,000

(1) T. III A. G. 3 Février 1793 (B).

Report	14,000
« WEST-FLANDRE	2,000
« HAINAUT	2,100
« NAMUR.	700
« TOURNAI	500
« TOURNÉSIS	300
« GUELDRE	200
« MALINES	200
	« 20,000 (1).

Veut-on connaître aussi la richesse du clergé de la West-Flandre, les corporations comparées entre elles? On trouve le détail suivant, dans les procès-verbaux de notre Assemblée :

« *Liste des corps ecclésiastiques de la West-Flandre* » *et les sommes qu'ils pourraient fournir dans l'emprunt* » *de trois millions* (de florins) *que les provinces Bel-* » *giques vont faire dans les circonstances présentes pour* » *faire face aux dépenses de la Campagne de* 1790 :

» ABBAYES.

» St NICOLAS A FURNES . . .	fl. 10,000
» EVERSAM	» 15,000
» LOO	» 12,000
» WARNÊTON	» 5,000
» VOORMEZEELE	» 12,000
» ZONNEBEKE	» 12,000
» NONNENBOSCH.	» 6,000
» WEVELGHEM	» 12,000
A reporter	fl. 84,000

(1) T. II, D. P. 31 Octobre 1790 (H). Le Luxembourg était alors occupé par les troupes impériales.

Report . . . . fl. 84,000

CHAPITRES CATHÉDRALES.

Ypres les trois membres. . . . . . » 20,000

fl. 104,000 (1)

Enfin pour faire apprécier le prix de location des terres, à cette époque et dans ce ressort, nous donnons la résolution suivante :

« Sur le rapport du sieur *de Coninck*, Receveur des « biens des couvents supprimés, concernant la location « par lui faite, sous notre agréation, des biens suivants:

Parties de terre.				Montant du bail ancien.	Montant du bail nouv[t].
Ferme	70	mesures	Zonnebeke	Fl. 416 - -	Fl. 560 - -
»	30	«	Reninge	168 - -	223 - -
»	20	«	Westoutre	202 - -	247 - 10 -
»	5	«	op St Jacobs	96 - -	98 - -
»	3	«	Lampernisse	21 - -	31 - 8 -
»	2	«	Bulscamp	11 - -	15 - -

Fut résolu d'approuver (2). »

Ces 130 *mesures* d'Ypres étaient donc louées ensemble à Fl. 1174-18, Fr. 2,131-34; soit à Fr. 14-39 par mesure locale. Aujourd'hui, leur valeur locative peut être es-

(1) T. I, A. G. 2 Mars 1790 (H).

(2) T. I. D. P. 15 Mars 1790 (H). La mesure d'Ypres équivaut à 44 ares, le florin courant à Fr. 1-80.

timée de 40 à 60 francs; c'est-à-dire qu'en 75 ans — 1790 à 1865 — le loyer des terres a plus que triplé de valeur, dans cette partie du pays.

Un document officiel permet de juger de l'importance, au point de vue financier, de la partie de Flandre, régie par notre *Vergaderinge* et qui depuis la rétrocession était aussi appelé *pays d'imposition;* voici ce tableau:

« TABLEAU des paiements faits pour le service de SA « MAJESTÉ par les administrations respectives de la Flan« dre rétrocédée depuis le premier Novembre 1755 jus« qu'au dernier du mois d'Octobre 1786 (1).

RÉCAPITULATION.

« Paiement faits à SA MAJESTÉ « pour les subsides ordinaires	Fl	9,325,130	5	7
« Idem à titre de quatre pa« tards par bonnier . . .		465,298	15	3
« Les moyens courans annexés « aux domaines de SA MAJES« TÉ		15,500,000	0	0
« Paiemens de dons gratuits		3,129,405	0	0
« Paiemens par forme d'em« prunt		991,398	0	0
« Idem pour l'entretien de la « Cour de LL. AA. RR. .		1,584,937	0	0
« Idem au sujet des logemens « et fournitures militaires .		303,037	10	7
« Idem à titre d'ustensiles. .		114,887	15	7
« Idem à la jointe hydraulique		11,625	0	0

(1) « Fait par F. VANDERMEERSCH, Conseiller-pensionnaire et J. J. PILLE, » Secrétaire de la Trésorerie de la ville d'Ypres, le 5 Décembre 1787, T. II » A. G. 22 Février 1791 (G).

Comme nous l'avons vu, dès son entrée au pouvoir, l'Assemblée avait résolu que : « Pour le payement de » toutes les charges, tant civiles que militaires, on em» ploierait généralement toutes les finances et les revenus » lesquels, par le passé, étaient payés à Sa Majesté et reçus » par Elle, même ceux pour l'entretien de la cour » (1).

« Sur ces fonds, nulle administration ne pourra pré» lever aucune somme ; et fut résolu que sur ces produits » et droits, ci-devant perçus par le Souverain et appar» tenant aujourd'hui à la Généralité de la West-Flandre, » aucun payement, à qui ce puisse être, ne pourra » s'opérer, sans ordonnance ou autorisation de l'As» semblée » (2).

Le Comité des Finances, nommé par l'Assemblée, donne un état de ce qui compose le revenu du *West-Quartier*, en fixant les recettes à opérer par le Receveur Général de ce Département :

« Que sa recette devra se composer de tous les aides » et subsides ordinaires, des quatre sols sur chaque » bonnier de terre etc. (3), aussi de tous les deniers » généraux, reçus par les receveurs ci-dessous désignés.

« Etant les droits d'entrée et de sortie.

« Ceux des revenus du pays, nommés *Domaines*.

(1) T. I. A. G. 7 Décembre 1789 (H).

(2) Ibidem, D. P. 9 Décembre 1789 (H).

(3) Cet impôt était nouveau ; il avait été établi par Louis XIV, dès qu'il eut pris possession du *West-Quartier*, sous prétexte de payer, les frais des fortifications d'Ypres et pour un temps limité. Mais, il fut toujours perçu depuis.

« Ce qui fut payé pour l'entretien de la cour de leurs « Majestés Royales.

« Les revenus des eaux et forêts du quartier *d'Ypres*.

« Ceux des biens des couvents supprimés.

« Ceux du Mont-de-Piété, nommé le *Lombaert*.

« Le produit de location des terrains des fortifications « comme celui des terrains vendus et pas entièrement « payés, ensemble tous autres moyens et revenus, perçus « par le ci-devant souverain et directement versés au « *Trésor Royal à Bruxelles* » (1).

Nulle part, nous ne trouvons l'ensemble de ce que nous pourrions appeler les voies et moyens du West-Quartier. Il n'en est pas moins vrai que l'Assemblée restait maitresse de toutes les recettes, comme de tous les payements. Ce n'était pas trop que cette réunion de toutes les ressources et de tous les moyens financiers, monopolisés par le pouvoir nouveau, car ses charges étaient journalières, multiples et souvent très-considérables.

Chaque jour le *Congrès-Souverain* faisait un appel de fonds aux provinces, et la West-Flandre n'était pas oubliée, dans cette levée de finances. Sur une nouvelle demande, l'Assemblée se fait donner un état des sommes déjà fournies et il appert de ce document que le 31 Juillet 1790 — dix mois à peine après sa formation — « la *Vergaderinge* a envoyé au trésor de la *République*, « outre l'emprunt du clergé et les dons patriotiques, une

(1) Conditien etc. T. I D. P. 26 Janvier 1790 (II). (*Annexe*).

« sommo de quatre cent soixante-quinze mille, huit cent « trente-quatre florins, sept sols huit deniers (fl. 475,834- « 7-8) » (1). Ces *dons patriotiques* consistaient en sommes versées pour achat de canons, pour entretien d'un, ou de plusieurs hommes (il y avait des souscriptions pour un demi-homme), enfin en dons, sans destination déterminée. Cette dernière liste est curieuse à parcourir; on y trouve tous les rangs confondus, nobles et roturiers, — *les filles de la pauvre école de la ville d'Ypres.* — Ceux qui n'ont pas d'argent déposent des objets d'ornement, des souvenirs de leurs amours et de leur mariage — « *Une paire de boucles d'argent, treize boutons de* « *veste, etc., deux chaines et deux cœurs d'or* . . . . » (2).

Deux mois avant le rétablissement du pouvoir ancien, c'est-à-dire à l'époque où ce que l'on nommait la République s'épuisait en frais d'armement pour son inutile défense, il n'est pas de jour où l'Assemblée n'envoyât à Bruxelles, pour être versées au trésor public, des sommes considérables (3).

Pressée par de nouvelles demandes, malgré tous ces envois, l'Assemblée répond en ces termes en s'adressant au Congrès de Bruxelles: « Nous avons l'honneur de » vous faire observer.... qu'il ne reste en caisse en ce

(1) T. II, D. P. 10 Août 1790 (H).

(2) *Ibidem, in fine.* Annexe (H).

(3) Dans la seule année de 1790, nous trouvons successivement, les envois suivants: fl. 75,000 — 20,000 — 24,500 — 19,962 — 25,480 — 21,361 — 20,000 — 20,228, soit ensemble fl. 246,529. Compte de 1790, chap. 35, T. III (G).

« moment qu'une somme très-modique de deux cent « quatre-vingt-treize florins, dix-huit sols, dix deniers, « *que nous ferons remettre également au trésor, dès* « *qu'elle sera augmentée et de quelqu'importance* » (1). Nobles paroles et généreux dessein ; l'Assemblée poussait le sacrifice, jusqu'à l'épuisement et jusqu'à la pauvreté !

Après la soumission, l'Assemblée tâcha de liquider ses anciennes dettes et elle eut à fournir de nouvelles ressources au pouvoir rétabli.

Il appert d'un compte, fourni par le Receveur-général du West-Quartier, que, pendant sa gestion,

les recettes ont été de . . fl. 960,278- 4-»
les dépenses de. . . . . » 959,196-10-5 (2).

A la séance du 25 Octobre 1791, un commissaire de Sa Majesté se présente à l'Assemblée et lui fait connaître la pièce suivante :

« Etat du contingent du pays rétrocédé dans un don « gratuit de 7,070,000 florins. »

« Ville d'Ypres	fl.	8,060- 5- 6
« Châtellenie d'Ypres	»	226,775- 3- 4
« Ville et châtellenie de Warnêton	»	52,391-15- 3
« Ville et châtellenie de Furnes.	»	227,087-13- 3
« Ville et juridiction de Poperinghe	»	41,560-14-10
« Ville et pays de Wervicq . .	»	10,075- 6- 0
« Ville de Menin	»	4,325- 3- 5
A reporter	fl.	570276- 1- 7

(1) T. II, D. P. 15 Septembre 1790 (H).
(2) T. III, A. G. 15 Décembre 1791 (H).

Report	fl.	570,276- 1- 7
Ville de Dixmude.	fl.	2,821- 2- 0
Verge de Menin	»	100,162-15-11
Huit paroisses et branches unies de la West-Flandre. . . .	»	80,740- 0- 6
	« fl.	754,000- 0- 0 (1)

Il résulte de ce tableau que, dans ce soi-disant don gratuit, le West-Quartier supportait, à lui seul, plus du dixième.

(1) T. III, A. G. 25 October 1791 (H). Dans la répartition de ce don gratuit la Flandre-Orientale était comprise pour fl. 3,098,000; le Brabant pour fl. 2,32,0004. T. IV, A. G. 19 Mai 1791 (G).

VI.

Les actes de l'Assemblée, considérés au point de vue politique, sont nombreux, quoique, à part la responsabilité qu'ils entrainaient, ils fussent sans grande importance. Ils sont entrepris sous l'influence des évènements qui menaçent l'existence de la réunion elle-même, plutôt que par suite d'une initiative, dictée par un dessein bien arrêté, ou par un but bien entrevu. C'est à ce point que, en les examinant de près, on pourrait deviner quelle est la position intérieure du pays, quelle est la situation extérieure elle-même.

En effet, depuis le 14 Novembre 1789, jour de sa formation, jusqu'au 26 Novembre 1790, jour de sa soumission, c'est-à-dire pendant plus d'une année, l'Assemblée exerce un pouvoir souverain, tandis que le pays tout entier est laissé à lui-même. A l'approche de la restauration de l'autorité ancienne, l'Assemblée est prompte à se soumettre et humble dans sa soumission. Lors de l'invasion étrangère, elle fléchit comme un roseau, pour se relever après l'orage. L'étude de ses procès-verbaux, à ces trois périodes, permet de porter un pareil jugement.

Comme nous l'avons vu, l'Assemblée avait, pendant la période révolutionnaire, rempli tous les devoirs administratifs et exécutifs d'un gouvernement régulier, et, en agissant ainsi, elle obéissait, pour ainsi-dire, à la position politique qui lui avait été faite par le Gouvernement déchu. En effet, à la chute de cette autorité centrale, chaque province avait été soumise à la direction de l'autorité la plus élevée encore existante, celle des Etats respectifs. Or, le West-Quartier, ou pays rétrocédé, ayant été privé de ce droit politique ancien, chacune de ses administrations était, pour les affaires générales, privée de direction; et, sans l'expédient imaginé par notre *Vergaderinge,* cette partie du pays serait tombé dans l'anarchie la plus complète.

Ce serait le cas d'appliquer à cette Assemblée ancienne ce mot moderne: « Qu'elle a fait de l'ordre avec du « désordre ». Car on peut dire que, quoiqu'ayant une origine révolutionnaire, le pouvoir de cette Assemblée a été un grand bienfait pour la généralité du pays, comme pour le West-Quartier lui-même. En supposant qu'elle ne se fut pas formée et qu'elle n'eut pas, comme elle l'a fait, pris la direction des affaires générales de cette partie du pays, comment les Etats de Flandre eussent-ils pu improviser une administration régulière, dans un vaste ressort qui, depuis plus d'un siècle, était détaché de leur juridiction? Les courageux citoyens, qui avaient pris l'initiative de faire revivre ce pouvoir, obéissaient ainsi à une nécessité de circonstance et à ce que commandait le bien public, plutôt qu'ils ne se laissaient entrainer par l'ambition personnelle, ou par la soif du pouvoir local. Il faut tenir grandement compte de cette situation précaire et délaissée du West-Quartier, avant de juger l'action politique de son Assemblée, pendant toute cette période révolutionnaire.

Mais quand vint l'époque de la courte restauration du pouvoir déchu, la soumission de l'Assemblée fut prompte et absolue, soit qu'elle eut la conscience de la fragilité de son pouvoir usurpé et de son autorité révolutionnaire, soit que ses principaux membres aient eu la vue politique assez étendue, pour entrevoir l'inévitable nécessité de cette abdication.

Depuis six mois l'Assemblée s'épuisait, pour envoyer à Bruxelles des contingents considérables en hommes, en argent et en munitions; elle avait soutenu, avec persistance et énergie, le fidèle, quoique faible général Vandermeersch, dans son injuste disgrâce; elle avait simultanément des députés, pris dans ses rangs, près des Etats-Généraux, près du Congrès, près de l'armée de défense sous Namur, et, tout d'un coup, elle se soumet, la première de tous les Etats des autres provinces, même avant de connaître la soumission de Namur, déjà en partie occupé par l'armée autrichienne, chargée de l'envahissement du pays. Dans leur séance du 21 Novembre 1790, les Etats-Généraux, à Bruxelles, avaient saisi ce qu'ils croyaient être une dernière planche de salut, en élisant l'archiduc Charles, troisième fils de l'Empereur, *Grand duc héréditaire de la Belgique*. Illusion d'une souveraineté expirante! ils croyaient avoir le choix de leur souverain, à la veille du jour où ils abdiquaient eux-mêmes leur pouvoir. Notre Assemblée ne se laissa pas séduire par ce fragile expédient ; car, aussitôt qu'elle en eut connaissance, elle prit la résolution suivante : « Considéré ce point, fut résolu d'écrire « à nos Députés (de Bruxelles) que, la résolution du « Congrès ne souffrant pas de délai, *nous ne pouvons « pas la désapprouver;* que du reste, nous en donnerons « immédiatement communication à Messieurs nos prin- « cipaux et que nous informerons sans retard nos dé- « putés du résultat intervenu sur ce point » (1). Les termes mêmes de cette résolution prouvent que, quoiqu'éloignés du grand théâtre des évènements, les membres de notre Assemblée de la West-Flandre avaient le tact politique plus fin, que les membres du Congrès eux-mêmes. Dans sa séance du 23 Novembre 1790, elle communiqua à ses principaux cette élection *in extremis*, en ajoutant : « Nous vous proposons, néanmoins « au cas où la résolution susdite (l'élection) ne serait « aucunement adoptée et que même, à l'occasion de « celle-ci, il ne serait pas obtenu d'armistice, d'autoriser « nos députés aux Etats-Généraux de voter et de prendre « pour la West-Flandre tout autre résolution, que le « bien-être et le maintien du pays pourraient comman- « der. . . . . » (2). La soumission était indiquée, la voici qui s'opère. Trois jours après, notre Assemblée envoye deux députés aux Etats de Flandre, pour leur notifier, ainsi qu'aux membres des autres Etats qui pourraient se trouver présents, la résolution suivante :

(1) T. II, A. G. 22 Novembre 1790 (II).
(2) T. II, A. G. 23 Novembre 1790 (II).

« Que nous sommes entièrement disposés *à faire notre* « *soumission séparément*, sur le pied du manifeste, con- « formément aux vœux du clergé et des respectives « corporations et administrations civiles de notre pro- « vince » (1). Le 27 Novembre 1790, ces députés remettent aux Etats de Flandre la notification suivante : « . . . . . Que la province de la West-Flandre, vu l'état « actuel des choses, est disposée de faire la soumission « sur le pied du manifeste, *même séparément*, en cas « que la nomination de l'Archiduc Charles, 3e fils de « S. M. l'Empereur et Roi, comme duc de Brabant, « comte de Flandre, etc., ne soit pas acceptée et que « les autres provinces de l'union persistassent encore à « vouloir se défendre et s'opposer aux forces supérieures « de la Maison d'Autriche ».

« Gand, ce 27 Novembre 1790 » (2).

Bientôt, un de ces députés près des Etats de Flandre donne la nouvelle suivante, que nous mentionnons comme un trait de désarroi qui existait parmi les hommes et dans les choses de la révolution :

« Madame *Pinault* et quelques autres personnes ont « logé à Gand la nuit passée, et ce matin le bruit « courrait que M. *Vander Noot* y avait été aussi et « avait pris la route de *Lille ;* j'espère qu'il me sera « permis de retourner bientôt à Ypres, ce qui me pro- « curera l'honneur de réitérer à V. H. P. le profond

(1) T. II, A. G. 26 Novembre 1790. — Les Etats de Namur ne se soumirent que le 25 Novembre 1790; les Etats-Généraux de Bruxelles le 1r Décembre 1790 (II).

(2) *Ibidem*, A. G. 28 Novembre 1790 (II).

« respect avec lequel j'ai l'honneur d'être » (1). Madame *Pinault*, délogeant de concert avec *Vander Noot*, avant que les Etats-Généraux n'eussent remis au nouvel occupant les clefs de la maison !.... Un député, empressé de retourner, pour avoir le plaisir d'exprimer son profond respect à ses principaux !.... Ce n'est malheureusement pas le seul exemple de découragement, au milieu de ce sauve-qui-peut général.

Le procès-verbal de la séance du 27 Novembre 1790 porte ce qui suit: « EODEM. Est comparu Monseigneur « *le Prélat de S*t *Jean-du-Mont, Heddebaut,* notre Dé- « puté aux Etats-Généraux de Bruxelles, qui, à cause « des troubles qui paraissent avoir surgi dans la dite « ville, *comme il le craignait*, a déclaré avoir quitté « cette ville, et être retourné ici » (2). *Marannes*, aussi Député à Bruxelles et, pour le moment, président des Etats-Généraux, s'était enfui à Gand, sous le prétexte d'y préparer le transfert de cette Assemblée. Une lettre d'un député moins craintif rend compte, en termes sévères, de cette double fuite: « On vient de nous dire « nos confrères MM. *Marannes* et l'*Abbé de S*t *Jean* « partis; ce qu'il y a de certain, nous le voyons pas « paraître; je n'ai jamais cru qu'on put tenir une aussi « indécente conduite de partir sans ordre de sa province « et sans en avertir ses confrères » (3).

---

(1) T. II, A. G. 29 Novembre 1790. *Lettre* du Greffier *Hennessy* (H).

(2) Ibidem, A. G. 27 Novembre 1790 (H).

(3) Ibidem, A. G. 25 Novembre 1790. *Lettre de M. Malou-Riga* du 24 Novembre 1790 (H).

Mais laissons-là ces misères, ces défaillances individuelles, et voyons comment notre Assemblée eut le mérite, malgré la promptitude et l'humiliation de sa soumission, de soutenir le droit constitutionnel du West-Quartier, celui d'avoir une représentation propre. Ce grand but, qu'elle avait voulu atteindre à la chute du pouvoir ancien, elle ne le perdit pas de vue, à la rentrée de ce pouvoir. Son insistance sur ce point mérite d'être notée.

La soumission résolue, il fallait la notifier à l'Empereur, par ses agents ; c'est ce que fit l'Assemblée par un acte adressé à la fois au général-en-chef *Bender* et à M. le comte *de Mercy-Argenteau,* Ministre de S. M. I. à La Haye. Cette pièce contient une première réserve quant à la représentation provinciale ; on y lit : « Arrêté unanimement, en conformité de notre résolution « préparatoire du 26 Novembre dernier, de nous sou- « mettre à Sa Majesté l'Empereur et Roi, et de le « reconnaître pour notre légitime souverain sur le pied « du manifeste du 14 Octobre, en réitérant nos très- « humbles remontrances adressées à feu Sa Majesté « l'Empereur, en 1787, *touchant les droits provinciaux* « *de la West-Flandre. . . .* » (1). Les députés, chargés de présenter cette soumission, recevaient des *instructions* écrites renfermant les points à obtenir. Il y avait d'abord l'amnistie (« d'ensevelir d'un profond oubli tout ce qui » s'est passé *à l'occasion des troubles* ») ; ensuite, le

(1) T. II, A. G. 3 Décembre 1790 (H).

payement des dettes contractées par l'Assemblée ; enfin quant aux moyens courants de la West-Flandre, « vous « la supplierez (son excellence le baron *de Bender*), « d'être servie d'appuyer ces représentations (celles de « 1787) de sa puissante protection auprès de SA MAJESTÉ, « en lui insinuant que notre demande *n'est point une « demande de grâce, mais une réclamation de justice « qui dérive du droit de propriété de la province* » (1). Noble language, à l'heure même de l'abdication !

Pour conserver sa position politique, l'Assemblée n'avait pas tardé à abdiquer son pouvoir révolutionnaire ; elle licencia immédiatement ses troupes, mesure commandée d'ailleurs par l'épuisement de ses finances :

« EODEM. Ayant été proposé ce qu'il convenait de faire, « dans les circonstances actuelles, à l'égard des troupes « patriotiques soldées, se trouvant dans les villes res- « pectives de cette province : fut résolu que, après en « avoir conféré avec Monsieur l'Actuaris de notre com- « mission de la guerre, *Malou-Riga*, les dites troupes « seraient licenciées avec un denier de route d'une « demie couronne, et de leur laisser leur uniforme avec « capote et haversac, sauf à déposer leurs armes; de « plus, de congédier les musiciens et, en retenant leurs « instruments, de leur donner un demi mois de gage « pour denier de route » (2).

(1) T. II, A. G. 5 Décembre 1790 — INSTRUCTIONS, etc. (II).
(2) Ibidem, A. G, 2 Décembre 1790 (II).

Dans la séance du 17 Janvier 1791, les députés de l'Assemblée auprès du comte *Mercy-Argenteau* firent un rapport écrit de leur démarche : ils avaient insisté sur trois points : 1° le serment réciproque à prononcer par le souverain, lors de son inauguration, formalité qui n'était plus observée dans le *West-Quartier;* 2° la disposition des voies et moyens ; 3° le maintien de l'Assemblée, dans sa forme actuelle. — Le Ministre plénipotentiaire se réserve de soumettre les deux premiers points à l'Empereur ; il concède le troisième (1). Aussitôt l'Assemblée met à l'ordre du jour cette dernière question et résout : « . . . de maintenir et de continuer *ad* « *interim* l'Assemblée pour les affaires concernant la « Généralité de la West-Flandre, sous la dénomination « d'Etats . . . . » (2).

Dans cette même séance, l'Assemblée prenait les résolutions suivantes : « Sur la troisième proposition, fut « résolu affirmativement de reprendre nos réclamations « précédentes sur le rétablissement de la perception « des moyens courants, et d'employer tous les efforts « pour obtenir à cet égard un résultat favorable ».

« De même sur le quatrième point, relativement à « l'engagement réciproque à prêter, par serment, par « le souverain dans l'acte d'inauguration pour et à « l'égard de la West-Flandre » (3).

---

(1) T. II, A. G. 17 Janvier 1791 — Rapport etc. (B).
(2) Ibidem, A. G. 25 Janvier 1791 (B).
(3) Ibidem, même procès-verbal (B).

Dans le moment, où l'autorité rétablie la reconnaissait seulement *ad interim*, l'Assemblée prend le nom d'*Etats* qu'elle n'avait osé se donner, au temps de son omnipotence révolutionnaire; et de plus, elle affirme et réclame le rétablissement de ses droits constitutionnels anciens.

Nous avons vu le clergé, s'introduisant sournoisement dans l'Assemblée, sous le patronage révolutionnaire du *Comité patriotique* d'Ypres; il ne tardera pas à en disparaître sournoisement encore. Le 17 Janvier 1791, une convocation fut faite pour le 25 du même mois. L'ordre du jour portait comme 10e point à résoudre, « l'admission du clergé, à condition pour lui de parti-« ciper aux charges générales ». Le clergé envoye la protestation suivante :

« Le susdit clergé autorise ses Députés ordinaires qui « siégent à la dite Assemblée de délivrer cette, par « laquelle le clergé proteste formellement contre toute « résolution qui tendrait à le charger directement ou « indirectement de la contribution d'un quart dans les « frais de Députations qui ont été faites pendant la « révolution, et dans le *pro rata* dans les honoraires « payés aux membres qui composaient la Députation « Permanente des Etats susdits » (1). Le clergé appelle dédaigneusement révolution, une situation à laquelle il a poussé de tout son pouvoir; il ne veut pas payer sa part dans les frais des Députations, dont il faisait

(1) T. III, A. G. du 3 Février 1791, pièce jointe (G).

partie, moyennant indemnité (1), et qui souvent allaient plaider ses intérêts ; il refuse de défrayer une Députation Permanente, rouage essentiel du corps au sein duquel il siége, pouvoir qu'il a aidé à créer. L'Assemblée ne s'arrête pas à ces chicanes, elle résout : « Sur le dixième « et dernier point fut résolu de laisser Messieurs les « Députés du clergé continuer à siéger dans cette *Ver-* « *gaderinge,* pourvu qu'à l'avenir ils payent dans les « charges communes sur le pied que le même clergé « a contribué en l'an 1787 » (2).

A partir de cette date, aucun Député ecclésiastique ne parait plus aux séances encore tenues par l'Assemblée. Le clergé ferme ici, en grand seigneur, sa bourse à la pauvre *Vergaderinge;* bientôt, il viendra, en mendiant, tendre la main à des collègues qu'il abandonne dans les circonstances les plus critiques (3).

(1) « Payé au Révérend Abbé de l'Abbaye de S[t]. Jean-au-Mont, *comme* » *député aux Etats-Généraux et Congrès des provinces Belgiques*, quatre » cent soixante-dix florins (fl. 470-»-») ». (Compte de 1790, chap. 32, Art. 1r).
« Payé à *Dom Cambier*, religieux de l'Abbaye de St Jean-du-Mont, la somme » de mille quatre-vingt-neuf florins (fl. 1.089-0-0) pour frais de voyages et » *honoraires*, dus au Révérend *Dom C. Heddebaut* abbé de la dite abbayé, » *comme député de cette province au Congrès souverain des Provinces-Unies* » *de Belgique, à Bruxelles*,... » T. III, compte de 1790, chap. 32, Art. 24 (G).

(2) T. II, A. G. 25 Janvier 1791 (G).

(3) Voir plus loin.

VII.

Au milieu de ces luttes et de ces incertitudes, il se présenta un évènement qui était, pour l'Assemblée, comme une récompense de ses efforts passés, et qui eut pu être, pour elle, une force dans l'avenir, si la durée de son existence n'était déjà pour ainsi-dire comptée. Nous voulons parler de l'inauguration, à Ypres, de S. M. l'Empereur et Roi par LL. AA. RR. Marie-Christine d'Autriche et Albert-Casimir Duc de Saxe-Teschen, son époux, comme Lieutenants, Gouverneurs et Capitaines-Généraux des Pays-Bas. Notre *Vergaderinge* assuma le soin d'organiser cette fête et se chargea d'en payer tous les frais. A ce point de vue, nous devons une courte mention de cette inauguration, qui, d'ailleurs, fut une des dernières dans nos anciennes provinces.

Dans la séance du 23 Juillet 1791, l'Assemblée prit des mesures d'exécution et résolut : « qu'à l'égard des « fonds nécessaires chaque administration aurait à payer, « par provision, une quote semblable à celle payée par « elle, pour pareille cause, en 1781 » (1).

---

(1) T. IV. A. G. 23 Juillet 1791 (G).

« Mémoire des quotes payées par chaque administration en 1781.

« Ville d' Ypres		Fl. 690 - 0 - 1
« Châtellenie d'Ypres avec Roulers . . .		« 4,724 - 0 - 3
« Ville de Furnes . .	Fl 268 - 8 - 3	« 5,152 - 13 - 7
« Châtellenie de Furnes »	4884 - 5 - 4	
« Warnêton		« 1,210 - 2 - 1
A Reporter.		Fl. 11,776- 16 - 0

L'arrivée de LL. AA. RR. eut lieu le 7 Août 1791; l'inauguration se fit le lendemain, 8 Août. L'Assemblée avait tout prévu. Il y eut envoi d'une Députation jusqu'à Zillebeke, puis réception à la porte de Dixmude. Le rang des Députés fut fixé sur le pied de 1781, dans l'ordre suivant: Ville d'Ypres *in corpore*, Salle et Châtellenie d'Ypres *in corpore*, 3 Députés de Furnes, 3 de Warnêton, 3 de Poperinghe, 3 de Wervicq, 2 de Dixmude, 2 de Loo, 3 de Roulers, 3 des huit Paroisses, 2 de la ville de Menin, 2 de la verge de Menin; « le tout sans préjudice au droit de chacun, « quant au rang respectif et à la préséance ». On tranchait ainsi, chaque fois, cette épineuse question de préséance, en laissant aux mécontents du présent l'espoir d'un redressement dans l'avenir. LL. AA. RR. logèrent à l'Evêché. Le 8 Août, il y eut présentation du vin d'honneur à l'Hôtel-de-Ville; puis cortège à travers les principales places et rues de la ville et audition de la messe. L'inauguration eu lieu aussitôt après, sur un théâtre, dressé sur la grande place, « en avant de la » Fontaine » ; de là on se rendit au Te Deum. A trois heures, grand banquet à l'Hôtel-de-Ville ; après cela, cercle à l'évêché, assistance au spectacle, souper

Report.		11776 - 16 - 0
« Poperinghe	Fl.	905 - 18 - 0
« Wervick	»	236 - 4 - 1
« Ville et verge de Menin	»	2,073 - 10 - 2
« Huit paroisses	»	1,786 - 4 - 7
« Dixmude	»	65 - 7 - 5
« Loo	»	34 - 7 - 5
	Fl.	16,878- 7 - 8

à l'évêché. A dix heures, après une promenade en ville pour voir l'illumination, LL. AA. RR. assistèrent au Bal paré. Le lendemain, 9 Août, elles partirent pour Tournai (1).

La *Vergaderinge* n'avait épargné aucun frais pour effacer par l'éclat et la splendeur de sa fidélité présente les ombres de sa révolte ancienne; le compte-rendu des dépenses en fait foi. D'abord, tandis que l'inauguration de 1781 n'avait couté que fl. 16,878, le compte de celle-ci s'éleva à fl. 24,750; la moitié en sus. Ce dernier document renferme de curieux détails (2).

D'abord, le compte porte en marge: « que le rendant « a prêté son serment d'avoir loyalement opéré les « recettes et les dépenses, » et cela devant l'Assemblée tout entière. Beaucoup de Seigneurs de la suite reçurent de fortes sommes d'argent stipulées d'avance par le maître de cérémonies de LL. AA. RR.; ainsi, au seigneur de Zittaert, Roi d'armes, fl. 913,10-9, pour avoir placé « les couronnes, tapis, épée et autres emblèmes de la « souveraineté; » au vicomte de Nieulant, secrétaire de S. M. 100 ducats, fl. 650-0-0; à diverses personnes de la suite, fl. 1090-6-0, « sous le nom de frais de voyages »; et d'autres sommes à différentes personnes encore. De sorte que les dignitaires de la suite emportèrent une somme de près de fl. 4,000-0-0, ce qui, avec les fl. 1,222-0-0, pour l'entretien de la domesticité de la cour, éleva cette catégorie de frais à plus d'un cinquième de la dépense. Le théâtre, où

(1) T. IV, (G), pièces diverses manuscrites.
(2) T. IV, (G), après A. G. 29 Octobre 1791. Rekeninge.

se fit l'inauguration, couta plus de Fl. 7,500-0-0. Le linge de table neuf pour le banquet est porté pour Fl. 1,480-0-0, les vins et liqueurs à Fl. 1,850-0-0, y compris Fl. 252-0-0, « pour deux pièces de vin de « *Valette*, à laisser couler, le jour de l'inauguration, « pour le peuple de la ville »; le banquet y compris un dessert de Fl. 802-0-0, couta environ la somme de Fl. 3,000-0-0. Les trois Gildes de St Sébastien, S[e] Barbe et St Michel, reçurent pour figurer dans les cérémonies, Fl. 200-0-0. Les quatre Commissaires ordonnateurs se partagèrent Fl. 400-0-0. Enfin on trouve le poste suivant : « A M[r]. J. B. de Gheus, « conseiller-pensionnaire de la ville d'Ypres, pour ses « devoirs extraordinaires au service du département, à « l'effet de formuler les harangues et allocutions né« cessaires à adresser à LL. AA. RR. fl. 40-0-0 » (1). Quarante florins ! C'était trop peu en soi, si les harangues et les allocutions étaient éloquentes et bien faites ; c'était trop pour la dignité du magistrat qui, en pareille circonstance, aurait dû rédiger gratis les discours, alors même qu'il n'était pas admis à l'honneur de les prononcer lui-même. Nous trouvons encore fl. 28-0-0 pour carillonnage ; fl. 60-0-0 pour la sonnerie des cloches des quatre paroisses ; fl. 55-0-0 pour la poudre à canon ; fl. 258-0-0 pour lampions et illumination. L'intervention officielle était ici très-modérée ; l'autorité connaissait assez les vieilles mœurs flamandes, pour savoir que rien, en de pareilles circonstances, ne peut remplacer le

(1) Nous n'en avons pas trouvé le texte.

joyeux entrain et les loyales démonstrations du peuple laissé à ses propres instincts.

En faisant ces dépenses, les représentants de la *Vergaderinge* se rappelaient peut-être cet opulent et fastueux négociant d'Anvers qui, recevant un prince, faisait chauffer ses appartements avec des fagots de canelle et des bûches de bois précieux des Indes; de ces ambassadeurs des provinces Belgiques qui, reçus à une cour étrangère, refusaient d'emporter leur riches manteaux brodés, sur lesquels ils s'étaient assis; à coup sur, ils se souvenaient que leurs pères avaient moins marchandé avec leurs princes à propos de subsides, qu'à propos de liberté, et qu'eux-mêmes ils avaient à conserver l'antique renommée de la large hospitalité flamande. Gardons-nous donc de les critiquer, à l'occasion des somptuosités déployées en cette circonstance.

VIII.

Cette inauguration, qui semblait devoir être comme un voile d'oubli jeté, par le pouvoir rétabli, sur les actes révolutionnaires du passé, comme un gage de fidélité inébranlable pour l'avenir de la part de sujets répentants, ne fut en réalité que le dernier éclat d'une souveraineté qui allait s'éclipser de nouveau et d'une assemblée qui allait disparaître elle-même.

Comme pour celle solennité, l'Assemblée n'avait rien fait sans l'assentiment de l'autorité, elle avait cru devoir, dans sa séance du 18 Octobre 1792, prendre la résolution suivante : « Fut aussi résolu d'écrire au se- « crétaire de Sa Majesté, *de Reul*, et de lui demander « s'il ne conviendrait pas d'ôter le théâtre, qui fut « érigé sur la grande place pour l'inauguration de Sa « Majesté l'Empereur et Roi, vu que ce théâtre se dé- « grade fortement par le vent et les pluies de l'hyver « qui approche . . . . » (1). Ce théâtre de fêtes si brillantes était autrement menacé encore, car un mois après, le procès-verbal du 19 Novembre 1792, commence par ces mots : « Fut porté à la connaissance de « l'Assemblée par les Députés des deux magistrats locaux « tout ce qui est arrivé ici, *depuis l'entrée des troupes* « *françaises* et qu'un bataillon de chasseurs à pied de

(1) T, III, A. G. 18 Octobre 1792 (H).

« la légion franche étrangère a pris, le 17 de ce mois, « possession militaire de cette ville . . . . » (1).

A cet envahissement de l'étranger, devait se joindre une cause d'affaiblissement, venant de l'intérieur. Les représentants de Furnes s'étaient depuis longtemps montrés, au sein des réunions, jaloux et difficiles. Pendant plusieurs mois, ils s'étaient refusés ouvertement à assister aux délibérations de l'Assemblée et à lui prêter le concours des subsides de leur riche et puissant ressort. Une députation qui leur fut envoyée parvint à écarter ce danger et les députés de Furnes reparurent à la séance du 4 Décembre 1792 (2).

C'était déjà trop de voir la Flandre divisée en deux fractions, sans morceler le *West-Quartier* lui-même, par la retraite du *Veurn-ambacht.* Mais cette heureuse pacification ne pouvait pas sauver l'existence de la *Vergaderinge* et ce retour au devoir ne fut même que momentané.

Dès son entrée en Belgique, Dumouriez avait lancé une proclamation, datée de Mons le 8 Novembre 1792, par laquelle il invitait le peuple, pour pouvoir traiter avec la république française, à se choisir de nouveaux administrateurs (3). Beaucoup de localités se conformèrent à cette invitation, Ypres ne resta pas en arrière; en effet, nous rencontrons, vers le milieu de Décembre, le document suivant :

(1) T. III. A. G. 19 Novembre 1792 (H).
(2) Ibidem, A. G. 4 Décembre 1792 (H).
(3) Ad. Borgnet, *Histoire des Belges,* II, 75.

« *Liste des Représentans de la ville d'Ypres, élus*
« *par le Peuple en suite d'une Proclamation faite à*
« *la manière ordinaire par les Messagers de Ville, la*
« *veille depuis cinq heures jusqu'à sept heures du soir,*
« *et répétée le lendemain dans la Banlieue, annoncée*
« *par la décharge de plusieurs coups de Canon, la*
« *sonnerie du Beffroi etc. ce jour* 16 *Décembre* 1792,
« *l'An premier de notre Liberté.*

« LES CITOYENS

« PRÉSIDENT.

« 1. Pierre MALOU-RIGA.

« SECRETAIRE.

« 2. François-Joseph-Amédée VANDERSTICHELE.

« REPRÉSENTANS.

« 3. Charles-Benoit VAN HOVE.
« 4. Pierre-Jacques-Emanuel BOETEMAN.
« 5. André-François-Regis MEYNNE.
« 6. Pierre-Innocent CASTRIQUE.
« 7. Henri VAN ZANDYCKE, Père.
« 8. Charles MICHEL, Père.
« 9. Pierre-Joseph-Théodore AERNOUDT.
« 10. Pierre-François-Ignace-Antoine WERKYN.
« 11. Philippe BOUTEN.
« 12. Guillaume-Joseph-Corneille VANDE WIELE.
« 13. Charles-Pierre-Augustin VANDER MARLIERE.
« 14. Jacques-Emanuel CARPENTIER.
« 15. Charles-Louis BOSSAERT.
« 16. Lievin HOVYN.
« 17. Jean-François PILLE.

« 18. Gérard-Antoine CALMEYN.
« 19. Jean ACKAERT.
« 20. Servas COMYN.
« 21. Joseph BEHARELLE.
« 22. Jean-François RYCKASEYS.
« 23. Louis-François BOUTEN.
« 24. Jean LAMBEIN, Père.
« 25. Jean VANDEN KERCKHOVE, l'Ainé.
« 26. Jean-Baptiste DE GHEUS, Fils.
« 27. François VANDEN PEEREBOOM, Père.

« *Ita est, signé* DE HAERNE, *Secretaire*
« *ordinaire de la Ville, remplacé*
« *ad hoc pour le Secretaire* VAN-
« DERSTICHELE » (1).

Après une telle élection, la *Vergaderinge* ne pouvait plus se maintenir dans son état ancien; c'est ce que comprirent, à la même heure, les vainqueurs et les vaincus. En effet, nous trouvons datées du jour, 24 Décembre 1792, les deux lettres suivantes :

« .... Mais voyant que tous les points sont relatifs à « des objets qui touchent à la souveraineté qui réside « dans le peuple, dont les représentants provisoires pour « notre ville et notre échevinage sont déjà élus; de telle « sorte que, ne pouvant plus gérer, pour la ville, les « affaires de souveraineté, nous avons résolu, en ce qui « nous concerne, de laisser comme non-avenue la réunion « indiquée, de plus de n'envoyer à cette Assemblée

(1) Papiers particuliers, délaissés par M. Hynderick.

« aucun député et d'en informer les magistrats et « administration pour leur information et direction.

« De notre Assemblée, 24 Décembre 1792.

« Avoué, Echevins et Conseil de la « ville d'Ypres.

(signé) « *J. B. de Gheus* » (1).

« Puisque les représentants du peuple souverain ne « sont pas jusqu'à ce jour organisés dans toutes les « administrations de la West-Flandre, par suite de quoi « la prochaine Assemblée du département pourrait être « très-incomplète, nous pensons en conséquence que le « bien-être de la chose commune commande que la « réunion du département, fixée au 27 de ce mois, « soit provisoirement abandonnée, jusqu'au moment où « l'organisation des représentants provisoires du peuple « souverain de cette province soit généralement arrê- « tée. »

« De notre Assemblée 24 Décembre 1792. »

« Les Représentants provisoires du peuple « souverain de la ville d'Ypres. »

(signé) « *Boeteman*, vice-présid[t]. » (2).

L'abdication « du magistrat d'Ypres » n'est-elle pas plus nette et plus fière que l'inauguration des « représentants « provisoires ».

Les « représentants provisoires » ne tinrent que peu de réunions générales (3).

---

(1) T. V, (G). Pièces à la suite de A. G. 13 Décembre 1792.
(2) Ibidem.
(3) Les 2, 10, 13, 23, 24, 25 et 26 Janvier 1793.

Les sept premières eurent lieu à l'Hôtel-de-ville (*Scheepen-kamer*), siége de la *Vergaderinge* ancienne. Dès le 2 Février 1793, l'Assemblée nouvelle siégeait à *l'Intendance* (*Oude Intendentie*) (1). Le Magistrat d'Ypres donna-t-il congé à ces nouveaux venus, dont il persista à ne pas vouloir partager les travaux (2), ou bien ceux-ci, froissés de ce refus de concours, vidèrent-ils volontairement les lieux? Rien ne permet de décider cette question; la seule indication à cet égard est la résolution suivante: « Fut enfin résolu qu'à l'avenir la présente *Vergaderinge* « tiendra ses séances à l'Intendance » (3).

Pendant ces luttes contre des dangers, venant à la fois de l'étranger et de l'intérieur, parut le décret de la convention française du 18 Décembre 1792. Il proclamait: « (art. 2) la suppression de toutes les autorités « existantes; (art. 3) tous les anciens fonctionnaires, « tous les nobles tous les membres des corporations « privilégiées étaient privés du droit d'éligibilité, pour « la première fois seulement ». C'était la dissolution de

---

(1) Aujourd'hui habitations particulières, rue de la Bouche.

(2) « Fait en chambre par les Administrateurs provisoires de la ville « d'Ypres, le 2 Mars 1793.

« Considérant que les Assemblées de cette province sont composées de « Députés, comme représentants du peuple, *ainsi qu'ils s'intitulent eux-« mêmes* et que nous comme Administrateurs provisoires de la ville d'Ypres « nous ne représentons aucunement le peuple de la même ville, de sorte « que nous n'avons ni pouvoir ni qualité pour traiter des affaires générales « et des intérêts de la West-Flandre, fut résolu de n'envoyer aucun Député « à la Vergaderinge générale, pour y voter ou prendre part à quelque dé-« libération... « Ita est, *Hynderick* ». T. III. A. G. 5 Mars 1793 (H).

(3) *Ibidem*, A. G. 26 Janvier 1793 (H).

l'Assemblée, l'incapacité frappant un grand nombre de ses membres. A ce coup terrible il fut opposé une énergique résistance.

A la séance du 2 Janvier 1793, — la première des représentants provisoires — après avoir entendu la lecture du dit décret, fut résolu, après délibération, que : « pris « en considération qu'il y avait nécessité pressante à « empêcher la publication de ce décret en West-Flandre, « de députer Messieurs *Malou-Riga* et *Devroe,* de la « part de la *Vergaderinge,* auprès de la Convention « nationale de Paris, pour solliciter le retrait et la « révocation de ce manifeste » (1).

Dès le 6 Janvier 1793, ces délégués rendaient compte de leurs premières démarches, à Paris (2). Et ainsi, l'Assemblée nouvelle eut l'insigne honneur de ne pas rester en arrière des autres Etats de province, dans la résistance légale à la spoliation tyrannique de la république française (3). Presque chaque jour, *Malou-Riga* faisait connaître à l'Assemblée le résultat de ses efforts (4).

---

(1) T. III, A. G., 2 Janvier 1793 (H).

(2) Ibidem.

(3) Les députés du Hainaut arrivèrent à Paris vers le 29 Décembre 1792; ceux de Namur votaient une réclamation le 27 Décembre; les députés du Brabant partirent de Bruxelles le 25 Décembre; les députés de Gand n'arrivèrent à Paris que le 12 Janvier 1793. (A. Borgnet, *Histoire des Belges,* II, p. 114 à 136).

(4) Le 25 Février 1793, de retour à Ypres, Malou déclare par écrit à l'Assemblée, n'avoir aucun rapport à faire, « attendu, dit-il, que j'ai informé » avec exactitude mes principaux de tous les évènements par mes lettres des » 6, 11, 14, 17, 18, 22, 24, 27 et 29 Janvier, 2, 9 et 20 Février. T. III, A. G. 26 Février 1793 (H). Nos procès-verbaux ne contiennent que 9 lettres datées des 6, 9, 11, 14, 17, 18, 22, 28 et 30 Janvier. T. III, passim (H).

Etrange spectacle, louable entêtement du devoir à accomplir! les modestes députés provisoires de la petite Assemblée d'une province divisée ne craignaient pas, dans l'intérêt de la conservation de leur liberté et de leurs droits, de frapper aux portes de la grande convention d'une puissante république, au moment même où celle-ci allait décider de la vie d'un roi, déjà dépouillé de son pouvoir (1).

Malgré le peu de succès de cette Députation, l'Assemblée s'empressa d'en payer les frais; elle alloua à M. *de Vroe*, « une somme de cinquante couronnes de « France, non compris les voitures », et à M. *Malou-*

---

(1) Toutes les lettres de *Malou-Riga* se ressentaient sans doute de l'atmosphère, au milieu de laquelle il vivait; mais elles respiraient aussi la male énergie du député, qui ne voyait que le devoir à accomplir, que le but qu'il avait mission d'atteindre. Les révolutions et les guerres seules trempent ces caractères fermes auxquels s'applique le mot ancien: « *Impavidum feriunt* » *ruinæ*. »

« . . . . Mais le procès du Roi nous met dans l'impossibilité d'avancer » quelque affaire que ce puisse être, nous ne cessons de nous adresser à di- » vers membres de la Convention, mais trop occupés, ils ne peuvent point » travailler aux nôtres, tandis que le pouvoir exécutif marche d'un pas ra- » pide. . . . Paris est tranquille, mais le jugement quelqu'il soit peut » amener une scène; soyez néanmoins tranquilles, on a pris de grandes pré- » cautions..... le Roi jugé, nous allons nous présenter aux Comités et à la » Convention. » (17 Janvier 1793).

« Avant hier on a porté au Roi son jugement, et hier il a passé par la » guillotine. Tout s'est passé dans le plus grand ordre et un calme profond... » Ce soir nous aurons audience au Comité Diplomatique, réuni avec celui de » défense générale, demain nous serons admis à la Barre.... Encore une fois » Citoyens, nommez vos Députés à la Convention (Belge) c'est là le plus » pressant, vous sauverez la patrie.... c'est des Députés qu'il faut; voilà » tout. . . . » (22 Janvier 1793).

« Nous avons enfin réussi à être reçus à la Barre hier; j'y ai porté la pa- » role; nous avons eu le bonheur de ne remarquer aucun signe d'improbation » et au lieu qu'à toutes les autres demandes on a passé à l'ordre du jour: » nous avons reçu du Président un compliment flatteur et été invités à la » séance... Ce soir nous irons au Comité, avec un discours plus fort... (28 Janvier 1793).

« . . . Mais la Convention! des Députés pour elle! tout moment perdu » pour ce but désirable est un crime envers la Patrie. » (30 Janvier 1793).

Riga « une somme de cinq cent quatre-vingt-douze « florins dix deniers » (1). Mais les commissaires nationaux s'opposèrent au payement de cette dernière indemnité : « considérant l'incivisme de la mission pour « laquelle le sieur *Malou-Riga* réclame des indemnités, « sauf... à donner au dit sieur *Malou-Riga* son recours « sur les personnes qui l'ont commis » (2).

Depuis longtemps le clergé avait prudemment cessé de paraître à l'Assemblée ancienne, où il avait, pendant plus de deux ans, siégé comme membre délibérant, et le voilà qui se présente à la Barre de l'Assemblée nouvelle et révolutionnaire, à l'état d'emprunteur besogneux.

« Remontrent avec confiance les Abbé et Religieux « de l'Abbaye de St Jean-au-Mont en la ville d'Ypres « la position alarmante dans laquelle ils se trouvent « pour se procurer dès-à-présent les articles de première « nécessité à la subsistance de leur couvent. Ils sont « à même de vérifier » (par suite de la confiscation de leurs dîmes, droits seigneuriaux et biens-fonds situés sous la domination française) « pour ladite Abbaye un « vuide de recette d'environ soixante-sept mille livres « de France.

« Que dans la Belgique la dite Abbaye ne jouit que « d'un revenu de quatre mil, quatre cent et un florins, « dix sols, un denier argent courant de Brabant ».

(1) T. III, A. G. 5, 13 et 14 Mars 1793 (H).
(2) Ibidem.

(Saisis en suite du décret de la convention française du 15 Décembre 1792). . . .

« Qu'elle n'a ni basse-cour, ni étangs, ni bois taillis, « ni planti en maturité. . . .

« . . . Les remontrants prennent leur recours vers « vous, citoyens représentans du peuple de la West- « Flandre, afin qu'il vous plaise de leur assigner, le « plutôt possible, sur la *caisse du sequestre des biens* « *ecclésiastiques français* . . . une somme . . . sous « offre de leur part d'en tenir compte au moment de « la liquidation. . . . » (1).

Là dessus : « Fut résolu d'insérer la requête dans les « *Agenden* et de la porter en discussion à la prochaine « Assemblée Générale » (2). Nous ne trouvons pas de trace de résolution ultérieure sur cette demande ; l'Assemblée n'avait pas la force de sauver la riche abbaye de sa prochaine et définitive ruine, dans un moment où elle-même se soutenait à peine contre tous les dangers et toutes les exactions dont elle était assaillie.

Pour donner une idée des honteuses pilleries des agents français de cette époque, nous extrayons le passage suivant d'un procès-verbal.

« Sur la requête de *Pierre Staelen,* fermier de la « pêcherie des eaux entourant la ville, faisant connai- « tre que, nonobstant que son bail ait encore une durée « de six ans, le commandant de la garnison française

(1) T. III, A. G. 23, 24 Janvier 1793, N° XIII (H).
(2) Ibidem.

« avait donné la dite pêcherie à certain *Slaeve* et ce « pour *deux portions de poisson par semaine et quel-* « *ques guinées comptant* . . . » (1).

Nous citons ce détail d'ignoble volerie, comme une leçon pour ceux que ne touche pas le pur, le saint amour de l'indépendance nationale. Que ceux-là pensent seulement à ce que coute l'occupation étrangère. Elle saigne les bourses jusqu'à épuisement et elle pille le dernier goujon de vos fossés. Que si l'on n'est pas patriote, que l'on soit au moins calculateur !

Les derniers procès-verbaux de l'Assemblée des « re- « présentants provisoires » portent tous les signes d'une rapide décadence et d'une fin prochaine.

Malgré les convocations les plus pressantes, adressées aux administrations, à chaque réunion on voit diminuer le nombre des présents; beaucoup de procès-verbaux, après la liste de présence, portent ces mots : « Et, des « représentants des villes d'Ypres, Furnes, Loo, Dix- « mude, Menin et verge de Menin, personne n'a com- « paru » (2). Nous trouvons une réunion de neuf membres; une autre de sept (3). Le corps se décimait, l'heure de la retraite allait sonner.

Epuisée par des réquisitions de toute nature, au moment même où on avait tari les sources de ses revenus, l'Assemblée se trouvait dans un dénuement extrême : elle écrivait au général Omoran :.... « Depuis l'époque

(1) T. III, A. G. 10 Février 1793 (H).
(2) Ibidem, passim.
(3) Ibidem, A. G., 13 et 14 Mars et 27 Mars (H).

« de la publication du décret du 15 Décembre, dénués « de tous revenus, nous avons cependant fourni tout « ce qu'il a été possible de faire entrer dans les caisses ; « mais depuis l'affixion qui s'est faite ici, le 3 de ce « mois, d'un ordre qui supprime le péage des droits « de douane, qui faisait notre seule ressource, nous « nous trouvons hors d'état de faire le moindre paye- « ment.... nous ne pouvons vous cacher que, malgré « la meilleure volonté, nous nous trouvons dans l'im- « possibilité de faire face aux prétentions immenses dont « nous sommes accablés et que le refus d'une des ad- « ministrations majeures de la West-Flandre (Furnes) « de verser son contingent dans la caisse générale de « la province, nous expose à de fâcheux évènements » (1).

Or, ce n'était point là un vain prétexte, invoqué pour ne pas payer; l'émeute commençait à hurler aux portes de l'Assemblée, et des clubs révolutionnaires insultaient à son autorité par des réquisitions. La Députation Permanente faisait une convocation urgente qui portait : « Les demandes les plus pressantes pour payement de « livraisons et salaires, que l'on vient nous faire de « tous côtés, *tant par attroupemens qu'autrement accom-* « *pagnés de graves menaces*, nous ont forcé.... » (2).

L'Assemblée était menacée par le flot qui l'avait portée au pouvoir; elle recevait la réquisition suivante :

---

(1) T. III, A. G. 4 et 5 Mars 1793, N° XI (H).
(2) Ibidem, A. G., 26 Février 1793, N° I (H).

« LIBERTÉ. EGALITÉ.

« Nous Président Commissaires provisoires pour la « ville et arrondissements d'Ypres, établi par les Com- « missaires Nationaux de la république française pour « le Département de la West-Flandre, vue la réquisi- « tion des citoyens Commissaires Nationaux.... nommons « et autorisons à cet effet le citoyen *Robert Delmotte* « de recevoir la dite somme de deux mille quatre cent « livres tournois moyennant d'en donner quittance.

« Fait en notre Assemblée à Ypres;.... signé E. F. « LIEBAERT, Présid. et P. B. AMARE loco-secrétaire » (1).

Et au bas de la réquisition, on lit: « En vertu du « présent réquisition et de la commission en date du « jour de hier à moi donné par le citoyen *E. F. Lie-* « *baert,* Président, et *P. B. Amare,* loco-secrétaire, Ad- « ministrateurs, mes collègues, je reconnait avoir reçu « à ma calité susdit du citoyen *Soenen* la somme de « deux mille quatre cent livres plus haut repris. Faite « à Poelcappelle ce quinze Mars 1793. Signé R. DEL- « MOTTE » (2). L'orthographe était à la hauteur de l'importance du personnage exécuteur!

A la fin du mois de Mars 1793, les Français évacuèrent la Belgique: l'Archiduc Charles fit son entrée à Bruxelles, le 26 du même mois; le comte de Metternich, Ministre plénipotentiaire, y arriva le 29. Après cette seconde

(1) T. III, A. G. 21 Mars 1793, N° X (H).
(2) Ibidem, N° XI (H).

restauration de la souveraineté ancienne, notre Assemblée ne tint plus que des séances insignifiantes.

Dans celle du 3 Avril 1793, on prit cette décision : « Et vu que, par le départ des troupes Françaises et « l'arrivée dans le pays de l'armée Impériale, cette Assemblée ne peut continuer à administrer les affaires « de la Généralité comme par le passé, fut résolu de « tenir en surséance toutes les affaires comprises aux « derniers *Agenden* et d'envoyer sans retard à Bruxelles « une Députation de trois membres, à savoir Messieurs « *Meynne, Ghesquière* et l'actuaire *de Gheus,* afin d'aller « féliciter sur son retour S. E. le Ministre comte de « Metternich et en outre d'autoriser ces députés à prier « S. E. par un mémoire, de mettre sous les yeux de « Sa Majesté l'Empereur les requêtes anciennement pré« sentées par la West-Flandre, afin d'obtenir sur elles « une prompte décision » (1).

L'Assemblée est d'avis que « le départ des troupes « Françaises et l'arrivée dans le pays de l'armée Impé« riale l'empêchent de continuer à administrer » et cependant, avant de céder la place, elle ne cesse de faire des efforts en faveur de la portion du pays, dont elle a provisoirement géré les affaires.

Dans la séance du 17 Avril 1793, assez insignifiante du reste, les anciens représentants de la ville d'Ypres, *J. A. J. de Langhe* et *Eugène de Ghelcke,* reparaissent à la réunion. Ils croyaient peut-être pouvoir aider à

(1) T. III, A. G. 3 Février 1793 (B).

une nouvelle transformation de l'Assemblée et ils ne firent qu'assister à ses funérailles.

En effet la *Vergaderinge* tint encore une douzaine de séances, sans grande importance. Elle ne s'occupait que de la liquidation des anciennes dettes qui lui étaient propres. Malgré les invitations et les sommations de l'autorité restaurée, elle refusa d'envoyer des délégués à l'Assemblée des Députés des autres provinces, convoqués à Bruxelles, pour opérer la liquidation générale des dettes contractées pendant les troubles. Les motifs, hautement avoués, de ce refus étaient qu'avant tout la West-Flandre voulait recouvrir, et son droit ancien de représentation (1), et celui non moins séculaire, quoiqu'interrompu, de n'être imposée que du consentement de cette représentation. Le gouvernement ne tint pas compte de ces plaintes et l'eut-il fait, le West-Quartier n'eut pas joui longtemps de cette juste concession, puisque bientôt et pour longtemps il allait faire partie du *département de la Lys*.

La dernière pièce de nos collections est une convocation, faite par l'Avoué, Echevins et Conseil de la ville d'Ypres, pour une réunion au 28 Avril 1794 (2). Nous ne trouvons pas de procès-verbal de cette séance.

(1) « 7° Aussi relativement aux réclamations souvent répétées de la West-« Flandre pour obtenir le rétablissement de sa Constitution et la restitution « des moyens courants, vu que le Gouvernement n'a pas daigné répondre « jusqu'à présent, malgré l'offre faite par le Département d'un subside an-« nuel de fl. 200,000 afin d'obtenir cette réparation de droits.... » T. V, A. G. 4 Décembre 1794 (G).

(2) T. V, in fine (G).

Ainsi s'éteignit et disparut obscurément et après une existence précaire et troublée de plus de quatre années, l'Assemblée qui porta généralement le nom de *Vergaderinge van West-Vlaenderen*. Et, dans les nombreux documents laissés après elle, nous ne trouvons pas même l'acte de son décès.

IX.

L'Assemblée, la *Vergaderinge*, dont nous venons d'esquisser la physionomie et les actes, eut la hardiesse de s'emparer de tous les pouvoirs des Etats, sans oser, pendant son omnipotence, en prendre le nom; elle se contenta de se donner le titre modeste *d'Assemblée:* soit que sa froide logique lui eut montré que l'existence d'Etats était un droit constitutionnel, qui avait besoin d'être accepté et juré par le souverain; soit que sa jeune modestie eut reculé devant l'éclat de ce nom d'Etats, entouré pour ainsi dire de l'auréole d'une gloire séculaire. En vain rechercherait-on, dans les tendances et les actes de cette Assemblée reconstituée, quelques unes de ces grandes idées et de ces fécondes résolutions, que la grande Assemblée de France de 1789 fit éclore. Pour expliquer cette stérilité, il ne suffirait pas de dire que ce n'était pas là son rôle; car, en même temps qu'elle, siégeaient à Bruxelles les Etats-Généraux et le Congrès; et si un vigoureux esprit d'initiative l'eut animée, elle eut pu charger les députés qu'elle avait auprès de ces Assemblées, de défendre certains principes, vu que ces députés n'agissaient que d'après des instructions écrites. C'est ailleurs qu'il faut trouver les causes de l'absence du souffle renovateur qui aurait pu animer une telle Assemblée. Ayant la conscience de l'illégitimité de son origine et de la fragilité de son existence, elle donna peu de signes d'esprit d'initiative et de réforme. Et comment en eut-il été autrement, quand les Etats de toutes les provinces légalement constitués, quand les *Etats-Généraux* et le *Congrès* eux-mêmes — sorte de long parlement au petit pied, de convention à l'eau de rose — vivaient d'expédients, au jour le jour, sans puiser dans le passé aucune forte résolution pour l'avenir. Et cependant, il serait injuste de ne pas reconnaître à cette réunion de libres citoyens plus d'un genre de vertus civiques et, par conséquent, plus d'un titre à notre reconnaissance.

Et d'abord, notre Assemblée eut le mérite d'avoir formé le patriotique dessein, et d'avoir atteint le noble but de faire revivre — pour toujours espérait-elle — dans son important ressort, le droit de la représentation nationale, héritage paternel séculaire, arme de toutes les victoires passées, instrument de tous les progrès futurs; et ce droit, elle s'efforça de le maintenir, même en présence du pouvoir souverain rétabli, même après l'invasion d'un puissant voisin. Nous ne saurions assez mettre en lumière ce mérite politique de notre Assemblée. La conquête de l'étranger avait dépouillé le *West-Quartier* du droit de représentation; après la rétrocession, cet important ressort — fraction de la Flandre — ne parvint pas à rentrer en possession de ce droit: malgré des nombreuses et vives réclamations, il resta *pays d'impo-*

sition (1). Mais, dès la première heure de liberté, le Magistrat de la *chef-ville* Ypres, eut le courageux dessein et l'heureuse fortune de faire revivre, pour le pays rétrocédé tout entier, le droit et l'usage de la représentation populaire, avec ses garanties sérieuses. Grande hardiesse et fécond succès, qui montrent combien étaient invétérés chez nos patriotes ancêtres et la conviction de l'excellence de ce régime, et le courage nécessaire pour le reconquérir ; et aussi, nouvelle preuve que la tradition du régime représentatif est séculaire sur notre sol; forte présomption que ce mode de *self-government* est celui qui convient le mieux à notre esprit et à nos mœurs politiques !

« Ou le père a passé, passera bien l'enfant ».

La *Vergaderinge* eut aussi, à un haut degré, la vertu de la probité publique ; elle géra, avec une rare intelligence et un parfait désintéressement, l'administration des deniers publics et des intérêts matériels d'une contrée riche et populeuse. Sans sa paternelle intervention, dans ces temps troublés et révolutionnaires, d'immenses richesses et de considérables intérêts publics et privés eussent pu être livrés à des mains inhabiles et malhonnêtes; et c'est ce qui ne manqua pas d'arriver après la chute de notre Assemblée.

(1) Nous repétons ici, ce que nous avons déjà avancé, que le *West-Quartier* était privé de son droit ancien de représentation. Cela est vrai, en ce sens que cette partie du pays — ce *Département*, comme on l'appelait — n'avait plus les mêmes droits représentatifs que les Etats de provinces encore existants. Il ne sera pas inutile d'ajouter que le *West-Quartier* était cependant encore consulté, dans la personne de ses administrateurs locaux, mais seulement sur des points spéciaux — *aides, dons gratuits* etc. — et souvent isolément et sur place; c'est-à-dire, sans entente commune, sans assemblées délibérantes; en un mot, sans droits représentatifs proprement dits. (Voyez consulte du conseil privé du 4 Août 1791, *ubi supra*).

Enfin — et ce point mérite d'être remarqué — la *Vergaderinge,* n'avait point la forme des anciens Etats provinciaux, composés et votants par ordre — clergé, noblesse, chefs-villes. — Le Magistrat urbain, celui de la chef-ville Ypres, qui en avait convoqué les membres, n'avait point appelé l'ordre de la noblesse, imitant en cela ce qui se pratiquait depuis longtemps, dans les Etats de Flandre. Il n'avait pas non plus convoqué l'ordre du clergé, grande innovation et grande hardiesse! et si celui-ci fut admis dans la réunion, ce ne fut que par accident, par nécessité de tactique, pour ainsi-dire. Il y avait, dans une telle conduite, une grande intelligence des besoins et des faits de l'époque — la suppression des ordres et la composition de la nationalité, à l'aide de la généralité des citoyens. C'était dévancer ce qui se pratiquait, au même moment, pour les Etats-Généraux, le Congrès et les autres Etats de province; sans atteindre encore la formule moderne — l'élection directe, le vote individuel, la discussion publique de la représentation nationale actuelle. Le plat-pays avait ses représentants dans cette Assemblée et ces représentants étaient souvent d'humbles greffiers, dont le vote valait, dans leur ressort ou membre, ce que valait, dans les leurs, le vote des chanoines, nobles et magistrats urbains. Devinant le progrès qui approche, devançant l'heureuse situation des temps modernes, déjà notre Assemblée admettait dans son sein, les *rédacteurs,* les *écrivains;* et, au même moment où elle excluait, comme ordre, les nobles qui portaient l'épée, elle acceptait, comme membres, les roturiers qui maniaient la plume. La *Vergaderinge* entrait ainsi dans la voie, que nous avons parcourue tout entière. Aujourd'hui, l'élection ouvre les portes du Palais de la Nation à des personnes de la naissance la plus obscure, de la fortune la plus modeste. On est heureux de rencontrer ces efforts d'un patriotisme sérieux, au milieu des scènes trop souvent burlesques de la révolution brabançonne.

A tous ces points de vue, nous avons pensé que les volumineux et rares documents que nous avons eus entre les mains, n'étaient pas indignes de quelqu'attention. Nous croirions que notre présente étude n'a pas été inutile, si elle pouvait avoir pour résultat d'amener quelqu'un qui, ayant plus d'aptitude et plus de loisir que nous n'en avons nous-même, parviendrait, un jour, à mettre en parfaite lumière cette page peu connue de l'histoire de notre représentation nationale ancienne.

Quant à nous, déjà presque vétéran parlementaire, nous avons éprouvé, en consultant ces nombreux matériaux et en les résumant en ces quelques pages, un sentiment de véritable admiration et de profonde reconnaissance pour ces ancêtres patriotes, qui, en défendant, comme ils l'ont fait, leurs droits à la représentation nationale, ont préparé l'heureuse situation politique actuelle et l'avènement de notre libérale Constitution (1). Ouvriers de la dernière heure, nous recueillons pacifi-

(1) Art. 25. « Tous les pouvoirs émanent de la nation ».
Art. 26. « Le pouvoir législatif s'exerce collectivement par le Roi, « la Chambre des Représentants et le Sénat ».

quement les heureux fruits dont nos pères ont jeté la semence, à leurs risques et périls. Puissent nos successeurs profiter tranquillement aussi, de ce qui aura été conquis à l'époque actuelle, et entrer encore plus avant que nous l'aurons fait nous-mêmes, dans la voie du progrès et de la liberté. Dieu nous a créés pour ce progrès et pour cette liberté, et l'histoire nous apprend, même dans ses pages les plus obscures, que l'humanité a toujours tendu vers ce but, soit par des marches continues, soit après des haltes passagères.

Vignette se trouvant en tête des pièces imprimées, distribuées par la *Vergaderinge*.

Établissement lithe et type

Sceau de la *Vergaderinge.*

ANNEXES.

ANNEXES.

I.

QUELQUES DÉTAILS SUR LES DEUX COLLECTIONS QUI ONT SERVI A LA RÉDACTION DE CETTE NOTICE.

COLLECTION HYNDERICK.

(*Aujourd'hui entre les mains de M.* Alphonse Vandenpeereboom, *Ministre de l'Intérieur, petit-fils du chevalier* Hynderick *Membre et Actuaire de l'Assemblée.*)

Cette collection, formée de trois gros volumes, petit *in-folio,* est entièrement imprimée, mais anépigraphe et sans pagination. Sauf quelques pièces adressées à l'Assemblée ou écrites par elle, elle est entièrement rédigée en flamand.

Le 1[r] volume commence au 28 Octobre 1789 et va jusqu'au 31 Mai 1790; on y compte 600 pages.

Le 2e volume comprend les documents du 1[r] Juin 1790, jusqu'à ceux du 17 Janvier 1791; 530 pages.

Le 3e volume s'ouvre au 28 Septembre 1791 et se termine au 17 Avril 1793; 410 pages.

M. A. *Borgnet,* dans son excellent ouvrage Histoire des Belges (T. II, page 406 notes), cite ce recueil; mais il semble n'avoir connu qu'une partie du 3e volume, car les dates et le nombre des cahiers, qu'il indique, concordent avec la fin du troisième tome complet, que nous avons sous les yeux. Il dit de ces documents qu'ils sont d'une « excessive rareté. »

Ce qui explique l'extrême rareté des documents imprimés de la *Vergaderinge,* c'est que ces procès-verbaux n'étaient envoyés, par pièces détachées, qu'aux membres de l'Assemblée et aux Magistrats des villes respectives du ressort. Il était défendu de faire réimprimer ces documents (1). Après la distribution du nombre d'exemplaires autorisé, l'imprimeur devait briser les planches (2).

(1) T. I, D. P. 8 Janvier 1790 (H).

(2) « Met last aen den drukker . . . de plaeten dies te breken. » T. I, D. P. 11 Janvier 1790 (H).

COLLECTION GHESQUIÈRE.

(*Aujourd'hui entre les mains de M.* J. J. J. Ghesquière, *Notaire à Gand, petit-fils de M.* Ghesquière, *Conseiller-pensionnaire de la verge de Menin et Membre de l'Assemblée.*)

Cette collection se compose de cinq gros volumes *in-folio*. Mais, à la différence de la précédente, les documents, qu'elle renferme, sont presque tous manuscrits, moins bien classés et melés de beaucoup de pièces sans intérêt. Elle a le mérite de renfermer des comptes nombreux, qui ne se trouvent pas tous dans la collection Hynderick et d'aider ainsi à apprécier la situation financière de la West-Flandre, aux diverses époques de l'existence de la *Vergaderinge*.

Après avoir compulsé avec soin ces deux collections (1), nous avons trouvé que chacune d'elles renferme un certain nombre de pièces importantes, que l'autre ne possède pas. Il serait donc à désirer que des deux collections on en formât une seule, comprenant tous les éléments con-

(1) Pour nous assurer de l'exactitude de ce travail de collationnement, nous avons obtenu l'aide de l'excellent archiviste de la ville d'Ypres, M. Diegerick. Nous remercions cet ami de ce bienveillant concours.

nus ; ou mieux encore, que les deux collections puissent être confiées à un seul et même dépôt public. Et s'il nous était permis d'exprimer une opinion à cet égard, nous dirions qu'Ypres, ancien chef-lieu de la West-Flandre, pourrait réclamer cette faveur, puisque cette ville possède déjà des archives d'une grande richesse, et que parmi ses habitants se trouvent un grand nombre de descendants des représentants, dont nous avons esquissés les desseins et les actes.

II.

LISTE DES DÉPUTÉS QUI SONT INTERVENUS A L'ASSEMBLÉE DE LA WEST-FLANDRE.

A.

(*Du* 27 *Novembre* 1789 *au* 15 *Décembre* 1792.)

---

1. CLERGÉ.

Alipius Struye, Prélat de l'Abbaye de Voormezeele.

Corneille Heddebault, Prélat de l'Abbaye de St Jean au Mont.

Fiacre Jacq. Strabant, Ecolâtre.

Benoit-Vincent Samarcq, Chanoine de la Cathédrale.

---

2. VILLE D'YPRES.

Jean-Baptiste Wullems, Avoué.

Jacques-Ignace De Langhe de Scheurpitte, 1[r] Echevin.

Constant-François Vermersch, Conseiller-pensionnaire.

Eugène-François De Ghelcke de Gracht, Echevin.

François-Joseph-Amedée Vanderstichele de Maubus, Avoué.

Pierre-Jean-Antoine Hynderick, Chevalier héréditaire, Conseiller-pensionnaire.

Jacques-Stanislas de Limon, Echevin.

Charles-Chrétien-Ignace Hynderick, Echevin.

Jean-Baptiste de Gheus, Conseiller-pensionnaire.

Albert-Ignace-Longin De Codt, Echevin.

Pierre-Jacques Lanszweert, Conseiller-pensionnaire.

---

3. SALLE ET CHATELLENIE D'YPRES.

Joseph de Patin de Letuwe, Echevin.

Guillaume-Joseph de Limon, Echevin.

François Vandermeersch, Conseiller-pensionnaire.

François-Henri De Codt-Vandenbroucke, Echevin.

Pierre-Jacques Lanszweert, Conseiller-pensionnaire.

Jacques Liebaert, Conseiller-pensionnaire.

Henri De Mey, Echevin.

Pierre-Jacques Delfortrie, Echevin.

Jacques-Louis B° Bonaert, Haut-bailli de la Ville, Salle et Châtellenie d'Ypres.

Charles De Vroe, Echevin.

4. VILLE ET CHATELLENIE DE FURNES.

FERDINAND DE MOUCHERON DE WYTSCHAETE, Bourgmestre et landhouder de la commune.

FERDINAND DE MAN DE FOLKENSWERVE, Echevin et Keurheer.

NORBERT MARANNES, 1r Conseiller-pensionnaire.

FRANÇOIS-ALBERT VANDERMEERSCH (ou VERMEERSCH et VERMEESCH), Bourgmestre et landhouder de la loi.

HENRI DE SPOT, Conseiller-pensionnaire des Orphelins.

PIERRE MOYAERT, Echevin.

JEAN-ALPHONSE DERUESCAS, Conseiller-greffier.

PATRICE-JOSEPH DE CUYPER, Echevin.

CHARLES-LOUIS TACK, Echevin et Keurheer.

CHARLES DE LATRE DE CAPPELBRUGGE, Bourgmestre et landthouder de la commune.

---

5. VILLE ET CHATELLENIE DE WARNÊTON.

FRANÇOIS-JOSEPH SEGHERS, Avoué.

CHARLES-CONSTANT SPINNEWYN, Echevin.

LEONARD-VEDAST HANS, Avoué.

ANDRÉ VANDERMEERSCH, Echevin.

FRANÇOIS BEHAEGEL, Echevin.

FRANÇOIS BECQUAERT, Echevin.

MICHEL HENNESSY, Greffier.

BON-JOSEPH FRUICT, Haut-Bailli.

6. VILLE ET JURIDICTION DE POPERINGHE.

François De Soutter, Bourgmestre de la commune.

Pierre-Guillaume Cadock, Conseiller-pensionnaire et Greffier.

Benoit Reyphens, Conseiller.

Pierre-Joseph De Vrière, du collége des notables.

Pierre-François De Baenst, Echevin.

Philippe Roulé, Echevin.

Jacques Van de Goesteene, Echevin.

Jean-Baptiste Van Costenoble, Conseiller-pensionnaire.

Pierre-Isidore Devos, Bourgmestre de la loi.

---

7. VILLE ET TERRITOIRE DE WERVICQ.

François Fauvarcq, Bourgmestre.

Jean-François Parret, Echevin.

Jean-François Castelain, Bourgmestre.

François-Bernard Six, Echevin.

Dominique Tranneel, Echevin.

Pierre-François Van Damme, 1er Echevin.

Eugène Lesoing, Bailli.

---

8. VILLE DE MENIN.

Jacques-Louis-Antoine Angillis de Ter Hoye, Echevin.
Joseph-Vincent Vanden Bussche, Greffier.
Louis Hovyn, Echevin.
Louis-Joseph Onraedt, Echevin.
Philippe Dumortier, Echevin.
Louis-Bernard Bergman, Echevin.
François Vermandere, Echevin.
Antoine-Jacques Schrynwerkers, Bourgmestre.
Joseph-Albert Holvoet, Conseiller-pensionnaire.
Auguste Van Ruymbeke, Echevin.
Pierre Vanden Bussche, Conseiller-pensionnaire.

---

9. VERGE DE MENIN.

Jacques-Ghislain Holvoet, Echevin.
Joseph Ghesquière, Conseiller-pensionnaire.
Paul Van Rumbeke, Haut-Bailli.
Félix-Bernard Vandermeersch, Echevin.
Jean-Léonard Dufort, Echevin.
Pierre-Joseph Coucke, Echevin.
Eugène-Balthazar Du Jardin, Echevin.
Antoine-Jacques Schrynwerkers, Echevin.
Joseph Corneille, Echevin.
Joseph-Albert Holvoet, Echevin.
François-Judoc Laga, Echevin.
Jean-François Dansette, Echevin.

10. GÉNÉRALITÉ DES HUIT PAROISSES ET BRANCHES.

Henri Demey, Bailli d'Elverdinghe.

Jean-François Pille, Greffier de Coppernolle.

Roland-André Bossaert, Greffier de Vlamertinghe.

Charles-Louis Vander Haeghe, Greffier de Noord- et Zuydschote.

Jacques-Robert Druant, Greffier de Reninghelst.

François Tryoen, Greffier de Locre.

Louis De Sodt, Greffier de Woesten.

Jean-Baptiste Vander Ghote, Greffier d'Elverdinghe.

Benoit-Joseph De Coninck, Greffier de Vlamertinghe.

Antoine Vanden Boogaerde, Greffier de Watou.

Jacques-Norbert Vanden Berghe, Bailli de Zuyd- et Noordschote.

Félix-Jacques Berten, Bailli de Reninghelst.

Jean-Philippe Opsommer, Bailli de Woesten.

Charles-François De Clercq, Bailli de Reninghe.

Charles-Eugène De Haene, Bailli d'Elverdinghe.

Jacques-François De Coninck, Greffier de la généralité.

Robert Druant, Greffier de Locre.

Robert Vanden Berghe, Bailli de Noord- et Zuydschote.

11. VILLE DE DIXMUDE.

FRANÇOIS DE BREYNE, 1r Echevin.
PIERRE RABAUT, Echevin.
PIERRE WOETS, Conseiller-pensionnaire.
PIERRE VAN HILLE, Bourgmestre.
FRANÇOIS MERGAERT, Conseiller-pensionnaire et Greffier.
PIERRE MERGAERT, Conseiller-pensionnaire.

---

12. VILLE ET POORTERIE DE LOO.

JEAN-BAPTISTE RYON, 1r Bourgmestre.
JOSEPH-LOUIS PROVOOST, Greffier.
JEAN-FRANÇOIS ACKENYS, 2e Bourgmestre.
PIERRE PROVOOST, Greffier.
CHARLES MONECLAY, Echevin.
JACQUES BRANDT, Bourgmestre.

---

13. VILLE DE ROULERS.

PIERRE-JACQUES D'HULSTER, Bourgmestre.
PIERRE DE NECKER, Echevin.
GUILLAUME ROELENS, 1r Echevin.
JEAN-BAPTISTE GHYSELEN, Echevin.
ANTOINE-IGNACE DU BOIS, Echevin.

PIERRE-FRANÇOIS ROELENS, Echevin.
TADÉ HENNESSY, 1r Echevin.
PIERRE DE GHEEST, Echevin.

---

14. COMITÉ PATRIOTIQUE.

CHARLES-BENOIT VAN HOVE, ancien Echevin.
PIERRE MALOU-RIGA, ancien Echevin.
ANDRÉ-RÉGIS MEYNNE, Echevin d'Ypres.
EMANUEL-CHARLES AERNOUDT, Chanoine et Chantre de la cathédrale d'Ypres.
FRANÇOIS-MORIN-BARON D'ARFEUILLE.
JEAN-BAPTISTE DE GHEUS.
PIERRE-JEAN BEKE, Echevin.

B.

DÉPUTÉS PROVISOIRES DES REPRÉSENTANTS DU PEUPLE SOUVERAIN.

(*Du* 2 *Janvier* 1793 *au* 3 *Avril* 1793).

---

1. YPRES.

Pierre Malou-Riga, Président.
Charles-Benoit Van Hove.
Jean-Baptiste De Gheus, Conseiller-pensionnaire.
Pierre-Jacques-Emanuel Boeteman.
André-Régis Meynne.

---

2. CHATELLENIE D'YPRES.

Charles De Vroe, Echevin.
François Vander Meersch, Conseiller-pensionnaire.
Henri De Mey.
François De Gheus.
Henri Titeca.

Pierre-Jacques Lanszweert.
Guillaume-François De Clercq.
Louis-François-Edouard Spriet.
Benoit-Joseph De Coninck.
Charles-Albert Liebaert.

---

3. VILLE ET CHATELLENIE DE FURNES.

Néant.

---

4. VILLE ET CHATELLENIE DE WARNÊTON.

Michel Hennesy, Président.
Roland-Antoine Ghesquière.
François Behaegel.
Charles Spinnewyn.

---

5. VILLE ET JURIDICTION DE POPERINGHE.

François De Soutter, Bourgmestre de la commune.
Jean-Baptiste Van Costenoble, Bailli.
Jean-Baptiste Berten, 1r Echevin.

Benoit Reyphins.
Félix-Jacques Berten.
Pierre-Guillaume Cadock.
Benoit Van Reninghe.

---

6. VILLE ET TERRITOIRE DE WERVICQ.

Jean-François Castelein, Président.
Eugène Le Soing, Secrétaire.
Jean-François Parret.
Charles-Joseph Bossaert.

---

7. VILLE DE MENIN.

Godfroid Bossaert.
Auguste Van Ruymbeke.
Félix-Bernard Vandermeersch.
François Vandamme.
Albert Holvoet.

---

8. VERGE DE MENIN.

Paul Van Ruymbeke, Haut-Bailli.
Joseph Ghesquière, Conseiller-pensionnaire.
Joseph-Albert Holvoet.
Pierre-Joseph Coucke.
Pierre-Joseph Delchambre.
Jean Dufort.
François Vandermeersch.

---

9. GÉNÉRALITÉ DES HUIT PAROISSES.

Félix Berten, Bailli de Reninghelst.
Jacques-François De Coninck, Greffier de la généralité.
Jacques-Robert Druant.
Louis De Sodt.
Jean-François Pille.
Pierre De Clercq.
Baudouin Lyoen.
Benoit-Joseph De Coninck.
Jacques-Norbert Vanden Berghe.

---

10. VILLE DE DIXMUDE.

Antoine-François Van Vossem, Président.
Louis-François Jansseune, Secrétaire.
Charles-Louis Jansseune.

---

11. VILLE ET POORTERIE DE LOO.

Jean-Baptiste Ryon, Secrétaire.
Antoine Vanden Kerkhove.
Charles Moneclay.
Pierre De Hongere.

---

12. VILLE DE ROULERS.

Jean-Baptiste Gheyselen, Président.
Pierre De Neckere.
Pierre De Gheest.
Pierre Spillebout.

C.

DÉPUTÉS DES MAGISTRATS ET ADMINISTRATIONS LAÏQUES DE LA WEST-FLANDRE.

(*Du* 17 *Avril* 1793 *au* 26 *Mars* 1794).

---

1. YPRES.

Charles-Benoit Van Hove.

André-Régis Meynne.

Jacques-Ignace De Langhe, 1[r] Echevin.

Eugène de Ghelcke de Gracht, Echevin.

Jean-Baptiste de Gheus, Conseiller-pensionnaire.

Pierre Beke, Echevin.

François-Joseph-Amédée Vanderstichele de Maubus, Avoué.

Pierre-Jean-Antoine Hynderick, Conseiller-pensionnaire.

Charles Vandemarlièrre, Conseiller-pensionnaire.

---

2. CHATELLENIE D'YPRES.

Charles-Albert Liebaert.
Jean-Joseph Bayart.
Pierre Lanszweert.
François-Henri De Codt, Echevin.
Henri De Mey, Echevin.
François Vander Meersch, Conseiller-pensionnaire.
Henri Titeca, Echevin.
Joseph-Bruno Keigniaert, Echevin.
Pierre Delfortrie, Echevin.
Jean-Louis Van Provyn, Echevin.
Louis-Auguste Reyphens, Echevin.

---

3. VILLE ET CHATELLENIE DE FURNES.

Pierre Mogaert, Echevin et Curheere.
Jean-Alphonse De Ruescas, Conseiller-pensionnaire.

---

4. VILLE ET CHATELLENIE DE WARNÊTON.

Bon-Joseph Fruict, Haut-Bailli.
Michel Hennessy, Greffier.

5. VILLE ET JURIDICTION DE POPERINGHE.

BENOIT REYPHENS, Bourgmestre de la loi.
PIERRE-GUILL[e] CADOCK, 1[r] Conseiller-pensionnaire.
FRANÇOIS DESOUTTER, Bourgmestre de la commune.

---

6. VILLE ET TERRITOIRE DE WERVICQ.

EUGÈNE LESOING, Bailli.
JEAN PARRET, 1[r] Echevin.

---

7. VILLE DE MENIN.

JOSEPH-VINCENT VANDEN BUSSCHE, Greffier.

---

8. VERGE DE MENIN.

JEAN DUFORT.
JOSEPH GHESQUIÈRE, Conseiller-pensionnaire.
PHILIPPE-ALBERT VUYLSTEKE, Echevin.
JACQUES-LOUIS-ANTOINE ANGILLIS DE TER HOYE, Echevin.
LOUIS-JOSEPH ONRAEDT, 1[r] Echevin.

9. GÉNÉRALITÉ DES HUIT PAROISSES.

Louis De Sodt, Greffier de Woesten.

Jacques-François De Coninck, Greffier de la généralité.

Jacques-Robert Druant, Greffier de Reninghelst.

Jean-Ignace Onraedt, Greffier de Vlamertinghe.

Benoit De Coninck, Bailli de Vlamertinghe.

Jean-Baptiste Vander Ghote, Greffier d'Elverdinghe.

Charles-Louis Vander Haeghe, Greffier de Zuyd- et Nordschote.

Leonard-François Trioen, Greffier de Locre.

Jean-Philippe Opsomer, Bailli de Woesten.

Charles De Clercq, Bailli de Reninghe.

---

10. VILLE DE DIXMUDE.

Louis-François Jansseune.

Pierre Verwilgen.

François Mergaert, Greffier.

---

11. VILLE ET POORTERIE DE LOO.

Néant.

---

12. VILLE DE ROULERS.

Pierre De Necker, Echevin.

Il résulte de ces trois tableaux que, pendant la première période (27 Novembre 1789 au 15 Décembre 1792), cent vingt-sept représentants différents prirent part aux délibérations de l'Assemblée ; quatre de l'ordre du clergé ; cent vingt-trois du tiers état, envoyés par les magistrats des villes et des cercles ruraux. Soixante-deux Députés, tous du tiers état, assistèrent aux délibérations de la deuxième période (2 Janvier au 3 Avril 1793), tandis que, pendant la troisième période (17 Avril 1793 au 26 Mars 1794), quarante-neuf seulement y prirent part. On y voit encore que la noblesse n'y paraissait pas comme ordre : les représentants nobles sont admis, non en vertu de leur noblesse et de leur titre, mais par suite du mandat qu'ils ont reçu des administrations locales respectives, dont ils faisaient partie. Pendant les quatre ans et quatre mois de son existence, l'Assemblée a tenu cent soixante-quatre séances publiques, *ad omnes;* cent vingt-huit pendant la première, vingt-cinq pendant la deuxième et onze pendant la troisième période.

III.

LISTE DES SÉANCES

DES DÉPUTÉS DE LA WEST-FLANDRE.

A.

DÉPUTÉS DU CLERGÉ ET DES MAGISTRATS DES VILLES, CHATELLENIES ET AUTRES ADMINISTRATIONS DE LA WEST-FLANDRE.

(*du* 17 *Novembre* 1789 *au* 15 *Décembre* 1792).

N° D'ORDRE.	DATES.	G.	II.	DÉNOMINATION.
1	27 Novembre 1789	1	1	Ghedeputeerde van de Gheestelyke ende Magistraten der Steden, Casselryen en voordere administratien van het Departement West-Vlaender.
2	7 Décembre id.	1	1	
3	25 Décembre id.	1	1	
4	4 Janvier 1790	1	1	
5	1 Février id.	1	1	
6	2 Février id.	1	1	
7	3 Février id.	1	1	
8	4 Février id.	1	1	
9	5 Février id.	1	1	
10	12 Février id.	1	1	
11	15 Février id.	1	1	
12	1 Mars id.	1	1	id.
13	2 Mars id.	1	1	
14	3 Mars id.	1	1	
15	4 Mars id.	1	1	
16	5 Mars id.	1	1	
17	22 Mars id.	1	1	Staten van West-Vlaend.

Nᵒ D'ORDRE.	DATES.		G.	H.	DÉNOMINATION.
18	23 Mars	1790	1	1	Staten van West-Vlaen-
19	24 Mars	id.	1	1	deren.
20	31 Mars	id.	1	1	
21	15 Avril	id.	1	1	
22	20 Avril	id.	1	1	
23	21 Avril	id.	1	1	
24	22 Avril	id.	1	1	
25	29 Avril	id.	1	1	
26	26 Mai	id.	1	1	
27	27 Mai	id.	1	1	
28	28 Mai	id.	1	1	
29	29 Mai	id.	1	1	
30	30 Mai	id.	1	1	
31	31 Mai	id.	1	1	
32	4 Juin	id.	1	1	
33	5 Juin	id.	1	1	
34	21 Juin	id.	1	1	
35	22 Juin	id.	1	1	
36	23 Juin	id.	1	1	
37	1 Juillet	id.	1	1	
38	22 Juillet	id.	1	1	id.
39	23 Juillet	id.	1	1	
40	30 Août	id.	1	1	
41	6 Septembre	id.	1	1	
42	28 Septembre	id.	1	1	
43	4 Octobre	id.	1	1	
44	15 Octobre	id.	1	1	
45	11 Novembre	id.	1	1	
46	22 Novembre	id.	1	1	
47	23 Novembre	id.	1	1	
48	24 Novembre	id.	1	1	
49	25 Novembre	id.	1	1	
50	26 Novembre	id.	1	1	
51	27 Novembre	id.	1	1	
52	28 Novembre	id.	1	1	
53	29 Novembre	id.	1	1	
54	30 Novembre	id.	1	1	
55	1 Décembre	id.	1	1	
56	2 Décembre	id.	1	1	

N° D'ORDRE.	DATES.		G.	H.	DÉNOMINATION.
57	3 Décembre	1790	1	1	Staten van West-Vlaend.
58	4 Décembre	id.	1	1	
59	5 Décembre	id.	1	1	
60	7 Décembre	id.	1	1	
61	8 Décembre	id.	1	1	
62	9 Décembre	id.	1	1	
63	14 Décembre	id.	1	1	
64	21 Décembre	id.	1	1	
65	22 Décembre	id.	1	1	
66	23 Décembre	id.	1	1	
67	27 Décembre	id.	1	1	id.
68	ʒ8 Décembre	id.	1	1	
69	29 Décembre	id.	1	1	
70	30 Décembre	id.	1	1	
71	4 Janvier	1791	1	1	
72	17 Janvier	id.	1	1	
73	25 Janvier	id.	1	1	
74	26 Janvier	id.	1	1	
75	3 Février	id.	1	»	(1)
76	15 Février	id.	1	»	(2)
77	22 Février	id.	1	»	
78	15 Mars	id.	1	»	Ghedep. der respective Magist. van het Departement van West-Vlaend.
79	7 Avril	id.	1	»	
80	18 Avril	id.	1	»	
81	5 Mai	id.	1	»	
82	19 Mai	id.	1	»	
83	15 Juin	id.	1	»	
84	5 Juillet	id.	1	»	
85	20 Juillet	id.	1	»	
86	23 Juillet	id.	1	»	
87	28 Juillet	id.	1	»	id.
88	3 Août	id.	1	»	
89	6 Août	id.	1	»	
90	7 Août	id.	1	»	
91	8 Août	id.	1	»	

(1) Scission: manquent Ypres, châtellenie d'Ypres, Furnes, Warnêton, Dixmude, Loo et Roulers.

(2) Le clergé cesse d'y figurer.

N° D'ORDRE.	DATES.		G.	H.	DÉNOMINATION.
92	9 Août	1791	1	»	Ghedep. der respect.
93	22 Août	id.	1	»	magist. van het Dép[t].
94	31 Août	id.	1	»	W.-Vl.
95	28 Septembre	id.	1	1	
96	7 October	id.	1	1	
97	25 October	id.	1	1	
98	29 October	id.	1	1	
99	30 October	id.	1	1	
100	7 Novembre	id.	1	1	
101	16 Novembre	id.	1	1	
102	28 Novembre	id.	1	1	
103	29 Novembre	id.	1	1	
104	12 Décembre	id.	1	1	
105	13 Décembre	id.	1	1	
106	14 Décembre	id.	1	1	
107	27 Décembre	id.	1	1	
108	28 Décembre	id.	1	1	
109	6 Janvier	1792	1	1	id.
110	7 Janvier	id.	1	1	
111	12 Mars	id.	1	1	
112	20 Mars	id.	1	1	
113	11 Juin	id.	1	1	
104	7 Août	id.	1	1	
115	15 Août	id.	1	1	
116	10 Septembre	id.	1	1	
117	8 Octobre	id.	1	1	
118	18 Octobre	id.	1	1	
119	19 Novembre	id.	1	1	
120	20 Novembre	id.	1	1	
121	26 Novembre	id.	1	1	
122	27 Novembre	id.	1	1	
123	28 Novembre	id.	1	1	
124	4 Décembre	id.	1	1	
125	5 Décembre	id.	1	1	
126	13 Décembre	id.	1	1	
127	14 Décembre	id.	1	1	
128	15 Décembre	id.	1	1	(1)

(1) Toutes ces Assemblées curent lieu à la Salle Echevinale de la Maison de Ville d'Ypres.

B.

DÉPUTÉS DES REPRÉSENTANTS PROVISOIRES DU PÉUPLE SOUVERAIN DE LA WEST-FLANDRE.

(*du* 2 *Janvier au* 3 *Avril* 1793).

N° D'ORDRE.	DATES.		G.	H.	DÉNOMINATION.
1	3 Janvier	1793	1	1	Gedeputeerde der pro-
2	3 Janvier	id.	1	1	visoire representanten
3	10 Janvier	id.	1	1	van het vrye volk van
4	11 Janvier	id.	1	1	West-Vlaenderen.
5	12 Janvier	id.	1	1	
6	13 Janvier	id.	1	1	
7	14 Janvier	id.	1	1	
8	23 Janvier	id.	1	1	
9	24 Janvier	id.	1	1	
10	25 Janvier	id.	1	1	
11	26 Janvier	id.	1	1	
12	2 Février	id.	1	1	
13	3 Février	id.	1	1	
14	10 Février	id.	1	1	(1)
15	20 Février	id.	1	1	id.
16	25 Février	id.	1	1	
17	26 Février	id.	1	1	
18	4 Mars	id.	1	1	
19	5 Mars	id.	1	1	
20	13 Mars	id.	1	1	
21	14 Mars	id.	1	1	
22	20 Mars	id.	»	1	
23	21 Mars	id.	»	1	
24	27 Mars	id.	1	1	(2)
25	3 Avril	id.	1	1	(3)

(1) La Députation de la ville d'Ypres cesse de figurer à l'Assemblée.

(2) Au 27 Mars ils s'intitulent: Prov. Repres. van West-Vlaenderen.

(3) Au 3 Avril ils prennent le titre de Ghedep. der adm. van W.-V., et la Députation de la ville d'Ypres reparaît. Les onze premières séances eurent lieu à la Maison de Ville, les suivantes à l'Intendance.

C.

DÉPUTÉS DES MAGISTRATS ET ADMINISTRATIONS LAÏQUES DE LA WEST-FLANDRE.

(*du* 17 *Avril* 1793 *au* 26 *Mars* 1794).

Nº D'ORDRE.	DATES.	G.	H.	DÉNOMINATION.
1	17 Avril 1793.	1	1	(1)
2	15 Novembre id.	1	»	Vergadering van d'heeren gedeputeerde van de magistraeten ende weireldlyke administratien van West-Vlaenderen.
3	21 Novembre id.	1	»	
4	4 Décembre id.	1	»	
5	17 Décembre id.	1	»	
6	6 Février 1794.	1	»	
7	7 Févier id.	1	»	
8	17 Février id.	1	»	
9	25 Février id.	1	»	
10	12 Mars id.	1	»	
11	26 Mars id.	1	»	

(1) La ville y est représentée. Le clergé n'y paraît pas. Toutes ces séances eurent lieu à la salle échevinale de la Maison de ville d'Ypres.

www.ingramcontent.com/pod-product-compliance
Lightning Source LLC
LaVergne TN
LVHW060417240826
846091LV00021BA/4073

* 9 7 8 1 2 4 9 6 5 4 4 4 5 *